Clive Gifford

Mein großes Fußballbuch

Alles über Geschichte, Regeln, Technik und Stars

arsEdition

Vorwort

Fußball ist ein wunderbares Spiel, das die Menschen miteinander verbindet – gleich, welcher Rasse oder Religion sie angehören, gleich, ob Mann oder Frau, ob arm oder reich, ob jung oder alt. Fußball ist eine Sportart, die jeden erreicht. Dieses Buch fängt die Faszination, Freude und Begeisterung ein, die dieser einzigartige Sport ausstrahlt.

Oft vergisst man, dass Fußball eigentlich ein einfaches Spiel ist. Es beruht auf dem technischen Geschick der einzelnen Spieler, in hohem Maße aber auch auf deren Fähigkeit, als Mannschaft zusammenzuwirken. Spielerisches Talent und fußballerisches Verständnis sind ein Geschenk Gottes. Den meisten Spielern werden sie jedoch nicht in die Wiege gelegt, sondern sie müssen sie sich hart erarbeiten. Um im Fußball Erfolg zu haben, sind Einsatz und Geduld gefordert, Selbstaufopferung und der Wille, ständig dazuzulernen und besser zu werden. Vor allem aber soll man das, was man tut, gerne tun. Mögen alle jungen Menschen weiterhin mit Begeisterung am Fußballgeschehen teilnehmen. Möge dieses Buch dazu beitragen, dass ihnen das schönste Spiel der Welt noch mehr Freude bereitet.

Bibliografische Information Der Deutschen Bibliothek

Die Deutsche Bibliothek verzeichnet diese Publikation in der Deutschen Nationalbibliografie; detaillierte bibliografische Daten sind im Internet über http://dnb.ddb.de abrufbar.

Redaktion der Originalausgabe: Clive Wilson, Matt Parsele
Fachliche Beratung: Anthony Hobbs
Register: Chris Bernstein
Design: Mike Buckley, Malcolm Parchment
Bildrecherche: Jane Lambert, Juliet Duff
Herstellung und DTP: Joanne Blackmore, Nicky Studdart

7 6 5 4 3   07 06 05 04

© 2002 by Kingfisher Publications Plc
Titel der Originalausgabe: Football
Die Originalausgabe ist bei Kingfisher Publications Plc, London erschienen
© 2002 für die deutsche Ausgabe: arsEdition GmbH, München
© 2004 aktualisierte Ausgabe: arsEdition GmbH, München

Alle Rechte vorbehalten

Aus dem Englischen von Andreas Hoffmann
Umschlaggestaltung der deutschen Ausgabe: Ekkehard Drechsel
Redaktion der deutschen Ausgabe: Magda-Lia Bloos
Redaktion der aktualisierten Ausgabe: Punktum Verlags-Service, Bayreuth
Textlektorat: Anne Emmert
Text für Seiten 88, 89, 90, 91: Andreas Hoffmann, Bayreuth
Produktion: Jürgen Hailer, Detlef Schuller

ISBN 3-7607-4816-3

www.arsedition.de

Inhaltsverzeichnis

Einführung
Fußball global	6
Die Anfänge	8
Spielfeld und Spieler	10
Fußballregeln	12
Fouls und verbotenes Spiel	14
Vor dem Anpfiff	16

Technik
Ballannahme	18
Pässe	20
Bewegung und Raum	24
Ballfertigkeiten	26
Das Tackling	28
Schusstechniken	30
Der Kopfstoß	32
Kleinfeldfußball	34
Tricks und Kunststücke	36

Positionen
Das Torwartspiel	38
Sturm	42
Abwehr	46

Anstoß & Co. (Standardsituationen)
Spielfortsetzung	50
Der Eckstoß	52
Freistöße	54
Strafstöße	58

Taktik
Trainer und Manager	60
Spielsysteme	62
Taktik und List	64
Taktik im Spielverlauf	66

Profifußball
Das Profi-Dasein	68
Vereine und Fans	70
Fußball in den Medien	72
Fußballstadien	74

Geschichte
Große Wettbewerbe	76
Große Begegnungen	78
Große Spieler	84
Fußball in Deutschland	88
Worterklärungen, Internetadressen	92
Register	94
Bildnachweis	96

Einführung

Fußball global

Tor, *gola, goal*! Vom Anstoß bis zum Schlusspfiff bietet ein Fußballspiel 90 Minuten (oder mehr) Dramatik, Tempo und Akrobatik. Fußball kann man überall spielen – im Park, am Strand oder im Stadion vor Hunderten, Tausenden oder gar Millionen von Zuschauern, die auf den Rängen oder vor den Fernsehgeräten mitfiebern. Überall auf der Welt verfolgen die Menschen den Fußball wie keine zweite Sportart voll Leidenschaft und Begeisterung.

Siehe auch

68–75 Profifußball

▲ Fußball kennt keine Grenzen. Mädchen und Jungen, Frauen und Männer aller Altersklassen und Schichten sehen sich die Spiele an. Das Satellitenfernsehen überträgt Begegnungen aus aller Welt bis in den entlegensten Winkel.

▲ Ronaldo wuchs in einem Arbeiterviertel der brasilianischen Stadt Rio de Janeiro auf. Bei der Fußballweltmeisterschaft 1994 sicherte er sich mit nur 18 Jahren einen Stammplatz in der brasilianischen Nationalmannschaft. Seither spielt Ronaldo nur noch in Europa. Bei der WM 2002 wurde er mit acht Treffern Torschützenkönig.

Weniger ist mehr

Fußball ist eigentlich ein einfaches Spiel. Ziel ist es, den Ball ins gegnerische Netz zu befördern, ohne Hände oder Arme zu benutzen. Die Mannschaft, die die meisten Tore erzielt, gewinnt. Natürlich gibt es eine Menge Regeln; sie stellen jedoch nur sicher, dass fair gespielt wird und der Spielfluss erhalten bleibt. Unabhängig davon, wie gut du bist, kannst du ohne teure Ausrüstung Spaß am Fußballspielen haben. Für ein Freundschaftsspiel brauchst du nur einen Platz im Freien oder in der Turnhalle, einen Ball, ein paar Mitspieler und eine Art Tor.

▲ »Das schöne Spiel« – so bezeichnete Pelé einmal den Fußball. Der Ausnahmespieler, der von 1957 bis 1971 für Brasilien antrat, gilt als der größte Fußballer aller Zeiten.

»Manche Leute meinen, beim Fußball geht es um Leben oder Tod. Mir gefällt diese Aussage nicht. Ich versichere Ihnen: Die Sache ist noch viel ernster.« Bill Shankly

»Für mich ist Fußball wie eine Religion. Ich verehre den Ball und behandle ihn wie einen Gott.« Pelé

▶ Französische Schlachtenbummler feiern den 3:0-Sieg, den ihre Mannschaft im Endspiel der Fußball-WM 1998 gegen Brasilien errungen hat. Über 600 Millionen Menschen verfolgten diese Begegnung weltweit. Die Partien der WM 2002 in Japan und Korea sahen insgesamt sogar fast 1,5 Milliarden Zuschauer.

Fußball als Geschäft

Große Vereine wie Real Madrid in Spanien, Manchester United in England oder Bayern München haben Fans in aller Welt. Diese Vereine werden wie große Unternehmen geführt und erwirtschaften jedes Jahr viele Millionen Euro Gewinn. Ihre Spitzenspieler sind wie Filmstars: berühmt und gut bezahlt.

Internationaler Fußball

Seit er im 19. Jahrhundert in England entstand, hat sich der Fußballsport in nahezu alle Länder der Welt ausgebreitet. Lange waren Europa und Südamerika die Hochburgen des Fußballs. Doch seit in den USA der Frauenfußball an Beliebtheit gewinnt und auch Afrika, Asien, Australien, Ozeanien und der Nahe Osten großartige Spieler und Mannschaften hervorbringen, ist Fußball zu einer weltumfassenden Sportart geworden.

Die Anfänge

Die Geschichte des Fußballspiels reicht weit in die Vergangenheit zurück. Schon vor über 2000 Jahren gab es bei den Chinesen, Japanern, Griechen und Römern Spiele, bei denen man mit Händen oder Füßen einen Ball durch ein Tor trieb. Später im Mittelalter wurden in den Städten und Dörfern derbe Wettkämpfe auf der Straße ausgetragen. Die Zahl der Spieler variierte, eine Schweinsblase oder ausgestopfte Tierhaut diente als Ball. Im Lauf des 19. Jahrhunderts entstanden verbindliche Regeln für das Fußballspiel.

▲ *Für ein »Pallo«-Spiel wird eine Schweinsblase mit Luft gefüllt. Dieses Spiel stammt aus dem 17. Jahrhundert.*

Die Football Association

Im Jahr 1863 gründeten Vertreter von elf englischen Fußballmannschaften in der Londoner Freemasons Tavern die Football Association (FA). Bis zu diesem Zeitpunkt spielte jede Schule und jeder Verein nach eigenen Regeln. Mancherorts war z.B. erlaubt, dass man dem Gegner ein Bein stellt oder den Ball mit der Hand spielt. Mit dem Wirrwarr machte die FA Schluss, indem sie ein vereinheitlichtes und für alle verbindliches Regelwerk festlegte. Im Lauf der nächsten zehn Jahre schlossen sich die walisischen, schottischen und irischen Fußballverbände der FA an und 1882 gründeten sie das International Football Association Board (IFAB). Dieses internationale Komitee beanspruchte für sich, weltweit die letzte Instanz in allen Regelfragen zu sein.

▲ *Im Viktorianischen Zeitalter zählten Kappe und Kniebundhose zur typischen Kleidung eines Fußballspielers – hier bei den Mitgliedern der schottischen Nationalmannschaft von 1892.*

▲ *Beim »Faschingsdienstag-Spiel« im englischen Ashbourne, das seine Wurzeln im 16. Jahrhundert hat, gibt es kaum Regeln. Die Tore stehen an beiden Enden der Hauptstraße und die Mannschaften heißen »Up'ards« und »Down'ards« (»Raufwärts-« bzw. »Runterwärts-Team«).*

◄ *Das japanische Kemari-Spiel entwickelte sich aus rund 2000 Jahre alten chinesischen Ballspielen. Beim Kemari mussten sich die Spieler gegenseitig den Ball zuspielen, ohne dass dieser den Boden berührte.*

Alle Welt spielt Fußball

Gegen Ende des 19. Jahrhunderts breitete sich Fußball — zunächst durch englische Kauf- und Seeleute, später auch durch Reisende aus anderen europäischen Ländern — wie ein Flächenbrand über die ganze Welt aus. Um die Jahrhundertwende entstanden in Dutzenden Ländern von Österreich bis nach Russland und Brasilien Fußballvereine, Wettbewerbe und Verbände. Im Jahr 1904 riefen Frankreich und sechs weitere europäische Länder, die der IFAB Untätigkeit vorwarfen, den Fußball-Weltverband FIFA (Fédération Internationale de Football Association) ins Leben. Nun war Fußball richtig international geworden.

◄▲ *Obwohl die Männergesellschaft ihm heftigen Widerstand entgegenbrachte, erfreut sich der Frauenfußball seit 1880 wachsender Beliebtheit.*

► *Bis in die 40er-Jahre stellte man Fußbälle und Fußballschuhe aus dickem, nicht imprägniertem Leder her. Auf einem nassen Platz wurden Ball und Schuhe immer schwerer und unförmiger.*

Frühe Spiele und Regeln

Seit den 70er- und 80er-Jahren des 19. Jahrhunderts ziehen Fußballspiele riesige Menschenmassen an. Damals waren bereits viele der wichtigsten Regeln in Kraft. Danach wurden noch Änderungen wie der beidhändige Einwurf oder die Strafstöße eingeführt. Lange Zeit war es noch erlaubt, den Torhüter jederzeit anzugreifen und zu Fall zu bringen; später durfte man das, solange er in Ballbesitz war. Die Regel, dass der Torwart den Ball auf dem ganzen Spielfeld mit den Händen berühren durfte, wurde 1912 geändert — es hatte eine wahre Torflut gegeben, weil die Torhüter den Ball einfach ins gegnerische Netz warfen!

▲ *Die Schienbeinschützer erfand Samuel W. Widdowson im Jahr 1874. Er war Stürmer bei Nottingham Forest und spielte 1880 für England.*

► *Das englische Nationaltrikot (rechts) kam zum ersten Mal 1872 beim ersten offiziellen Spiel gegen Schottland zum Einsatz. Zuvor machte man die Zugehörigkeit der Spieler zu den Mannschaften mit Kappen kenntlich. Später erhielten die Nationalspieler die Kappen als Auszeichnung.*

Fußball – Geschichte

1848
An der Universität Cambridge werden die ersten Fußballregeln aufgestellt.

1863
Die englische Football Association (FA) wird gegründet.

1872
Das erste Fußballländerspiel: England gegen Schottland.

1872
Der Eckstoß wird eingeführt.

1878
Die Schiedsrichter verwenden erstmals Trillerpfeifen.

1885
Der bezahlte Fußball (Profifußball) wird zugelassen.

1891
Strafstöße werden eingeführt.

1900
Der Deutsche Fußball-Verband und der Fußball-Verband Österreich-Ungarn werden gegründet.

1905
Das erste südamerikanische Länderspiel: Uruguay gegen Argentinien.

1908
England gewinnt das erste echte olympische Fußballturnier.

1910
Argentinien gewinnt die erste Copa America.

1913
Bei einem Freistoß müssen alle Gegenspieler 9,15 Meter Abstand zum Ball einhalten.

1930
Uruguay gewinnt im eigenen Land die erste Fußballweltmeisterschaft.

Einführung

Spielfeld und Spieler

Bei einem regulären Fußballspiel befinden sich zwei Mannschaften zu je elf Spielern auf einem Feld, das etwa 100 Meter lang und 70 Meter breit ist. Die Spieldauer beträgt 90 Minuten mit zwei Halbzeiten zu je 45 Minuten. Wird das Spiel z.B. durch Verletzungen verzögert, kann der Schiedsrichter nachspielen lassen.

Das Tor ist 2,44 m hoch und 7,32 m breit. Die Eckfahnen müssen mindestens 1,5 m hoch sein.

Siehe auch

12–13 Fußballregeln

64–65 Taktik und List

Anstoßpunkt für den Anstoß zu Spielbeginn, zum Beginn der zweiten Halbzeit und nach einem Tor.

Seitenlinie

Spielfeldgröße
Die Spielfeldlänge darf zwischen 90 und 120 m, die Breite zwischen 45 und 90 m betragen. Bei Länderspielen muss das Feld 100 bis 110 m lang und 64 bis 75 m breit sein.

Den Mittelkreis dürfen die Gegner beim Anstoß erst betreten, wenn der Ball gespielt wurde.

Positionen
Am Anfang unterschied man im Fußball nur zwischen Stürmern und Verteidigern. Aber im Laufe der Zeit kamen viele andere Positionen dazu. Man teilt die Feldspieler in drei Gruppen ein: Verteidiger, Mittelfeldspieler und Stürmer. Damit sie besser zu erkennen sind, tragen die Spieler eine Nummer auf dem Trikot. Die Trikotfarben der Mannschaften müssen sich deutlich voneinander unterscheiden; ist dies nicht der Fall, muss die Gastmannschaft ein andersfarbiges Auswärtstrikot anziehen.

Die Strafstoßmarke befindet sich 11 m vor der Torlinie.

◀ *Jede Mannschaft besitzt ein Heimtrikot und ein oder mehrere Ersatz- oder Auswärtstrikots. Häufig ändern sich die Trikots zu Beginn der neuen Saison.*

im Spiel   *im Spiel*   *aus dem Spiel*

Aus oder nicht?

Der Ball ist aus, wenn er auf dem Boden oder in der Luft eine der Tor- oder Seitenlinien vollständig überquert hat. Je nachdem, wo das war und welche Mannschaft ihn zuletzt berührt hat, entscheidet der Schiedsrichter auf Einwurf, Abstoß oder Eckstoß. Als Tor gilt, wenn der Ball zwischen den Torpfosten und unterhalb der Latte über die Torlinie geht.

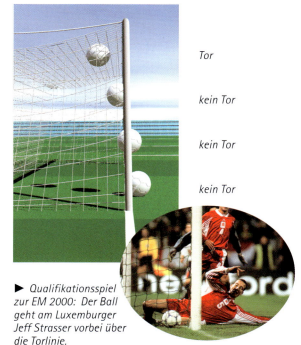

Tor

kein Tor

kein Tor

kein Tor

▶ *Qualifikationsspiel zur EM 2000: Der Ball geht am Luxemburger Jeff Strasser vorbei über die Torlinie.*

Die Mittellinie. Beim Anstoß müssen alle Spieler in ihrer Spielfeldhälfte stehen.

Der Elfmeterkreis, in dem sich bei einem Strafstoß nur der ausführende Spieler aufhalten darf.

Eckviertelkreis: Hier wird der Eckstoß ausgeführt.

Im Strafraum (»Sechzehner«) darf der Torwart den Ball mit der Hand spielen. Bei einem Foul im Strafraum gibt es meist einen Strafstoß.

Torlinie: Wenn der Ball sie neben dem Tor überquert, wird auf Abstoß oder Eckstoß entschieden.

Aus dem Torraum (»Fünfer«) wird der Abstoß ausgeführt.

▲ *Das neue Stadion Salzburg, das mit einem Kunstrasen ausgestattet ist, wurde 2003 eingeweiht. Es ist eines der Stadien des UEFA-Projekts »Kunstrasen«.*

▼ *Norwegische Platzwarte räumen vor einer Begegnung den Schnee vom Rasen.*

▲ *Diese Begegnung zwischen Wimbledon und den Blackburn Rovers versank buchstäblich im Schlamm.*

Der Rasen

Besonders in den USA wird häufig auf Kunstrasen gespielt. In den europäischen Stadien gibt es fast nur Rasenplätze, obwohl sie pflegeaufwendiger sind. Der Platzwart muss den Platz vor einem Match in einen bespielbaren Zustand versetzen. Mittlerweile gibt es dafür viele technische Hilfsmittel, z. B. die Rasenheizung. Dank solcher Verbesserungen müssen in den meisten Fußballligen heutzutage viel weniger Begegnungen wegen schlechter Witterung abgesagt werden als früher.

Einführung

Fußballregeln

Wer das Fußballspielen lernen will, muss natürlich auch die Spielregeln kennen. Wenn du gegen die Regeln verstößt, verlierst du vielleicht den hart erkämpften Ball und schadest so deiner Mannschaft.

Siehe auch

14–15 Fouls und verbotenes Spiel

54–55 Freistöße 1

64–65 Taktik und List

▲ Der Schiedsrichter zeigt einen direkten Freistoß (1) bzw. einen indirekten Freistoß (2) an. Mit der roten Karte verhängt er einen Platzverweis (3).

Schiedsrichter und Assistenten

Darüber, dass die Spieler die Regeln einhalten, wachen der Schiedsrichter und seine Assistenten. Der Schiedsrichter entscheidet über Abseits, Fouls und verbotenes Spiel (siehe S. 14–15), darüber, ob ein Ball in oder aus dem Spiel ist, ob der Ball mit der Hand gespielt wurde usw. Seine Entscheidungen zeigt der Unparteiische mit speziellen Zeichen und Gesten an.

▲ Bei einem Eckstoß weist der Unparteiische mit der Hand zur Eckfahne.

▼ Hier muss ein Abstoß vom Torraum aus erfolgen.

◀ Abstoß: Der Schiedsrichter-Assistent zeigt mit der Fahne, die er waagerecht in Schulterhöhe hält, auf die vordere Begrenzung des Torraums.

◀ Eckstoß: Der Schiedsrichter-Assistent zeigt mit gesenkter Fahne zur Eckfahne. Er überwacht nun, ob der Ball korrekt in den Eckviertelkreis gelegt wird.

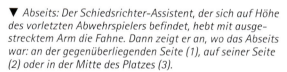

▼ Abseits: Der Schiedsrichter-Assistent, der sich auf Höhe des vorletzten Abwehrspielers befindet, hebt mit ausgestrecktem Arm die Fahne. Dann zeigt er an, wo das Abseits war: an der gegenüberliegenden Seite (1), auf seiner Seite (2) oder in der Mitte des Platzes (3).

▲ Einwurf: Der Schiedsrichter-Assistent zeigt mit der Fahne auf das Tor der nicht einwerfenden Mannschaft.

▲ Der Schiedsrichter-Assistent zeigt eine Spielerauswechselung an.

Die Vorteilsregel

Der Schiedsrichter hat einen gewissen Spielraum, etwa durch die »Vorteilsregel«. Danach kann er bei einem Foul oder einer Regelverletzung das Spiel weiterlaufen lassen, wenn die Mannschaft, die keinen Verstoß begangen hat, davon profitiert. Wird z. B. ein Angreifer bei einem schnellen Konter gefoult, kann den Ball aber noch abgeben, unterbricht der Schiedsrichter das Spiel nicht. Die Angreifer können den Konter abschließen. Dank der Vorteilsregel wird das Spiel seltener unterbrochen.

▲ Schiedsrichterentscheidungen werden oft angezweifelt. Hier diskutiert der Schweizer Schiedsrichter Urs Meier mit Spielern von Galatasaray Istanbul.

Die Abseitsregel

Keine Regel gibt so häufig Anlass zu Diskussionen wie die Abseitsregel. Sie besagt: »Ein Spieler befindet sich in einer Abseitsstellung, wenn er im Moment der Ballabgabe der gegnerischen Torlinie näher ist als der Ball und der vorletzte Abwehrspieler. Ein Spieler kann nicht abseits sein, wenn er sich in seiner eigenen Spielfeldhälfte befindet oder den Ball direkt von einem Abstoß, Eckstoß oder Einwurf erhält.«

Zu den »Abwehrspielern« zählen Feldspieler und Torwart. Solange du dich auf gleicher Höhe mit dem vorletzten Abwehrspieler befindest – sei es ein Manndecker oder der herausstürmende Torwart –, bist du nicht abseits. Auch auf den »Moment der Ballabgabe« kommt es an: Du musst bei jedem Angriff genau dann loslaufen, wenn dir der Ball vorgelegt wird, du aber noch nicht abseits stehst. Sekundenbruchteile später darfst du hinter den Verteidigern sein und den Ball annehmen.

Die Abseitsregel verhindert, dass ein Stürmer einfach vor dem Tor auf den Ball wartet. Sie trägt daher dazu bei, dass spannende Angriffe und Konter entstehen.

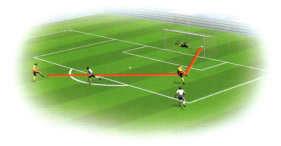

▲ Abseits: Entscheidend ist, wann der Ball abgespielt wurde. Hier ist der Torschütze im Moment der Ballabgabe bereits im Abseits – kein Tor.

▲ Der erste Angreifer hat den Ball abgespielt. Der Angespielte steht nicht im Abseits, denn zwischen ihm und der Torlinie sind zwei gegnerische Verteidiger. Der Treffer ist gültig.

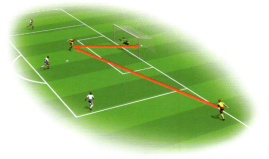

▲ Der Angreifer vor dem Tor hat zwar nur noch den Torwart vor sich. Er ist aber nicht abseits, da der Ball von einem Mitspieler auf ihn zurückgespielt worden ist.

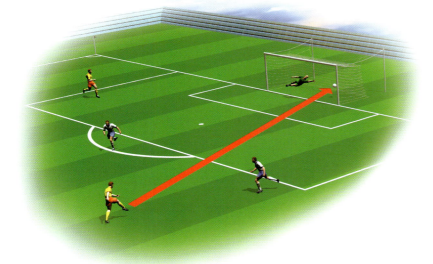

▲ Nimmt ein Spieler in Abseitsposition nicht am Spielgeschehen teil (der Spieler links oben), handelt es sich um kein echtes, sondern ein »passives Abseits«. Der Spieler, der aufs Tor schießt, steht nicht abseits.

13

Einführung

Fouls und verbotenes Spiel

Gegen die Spielregeln verstößt du beim Fußball besser nicht! Wenn du zum Beispiel deinen Gegner festhältst oder ihn zu Fall bringst, bestraft dich der Schiedsrichter sofort. Bei schweren Verstößen musst du mit einer Verwarnung oder gar mit einem Platzverweis rechnen!

Siehe auch

12–13 Fußballregeln

54–55 Freistöße 1

58–59 Strafstöße

Foul!
Einem Gegner ein Bein zu stellen, ihn zu stoßen oder festzuhalten – diese und andere Verstöße werden als Regelwidrigkeiten geahndet. Je nach Art des Regelverstoßes und der Stelle auf dem Spielfeld, an der er sich ereignet, wird der Mannschaft des gefoulten Spielers ein direkter Freistoß, ein indirekter Freistoß oder ein Strafstoß zugesprochen. Eine Übersicht über alle Fouls findest du in den offiziellen Fußballregeln, die dir der Deutsche Fußball-Bund kostenlos zusendet.

PROFI-TIPPS

Leg dich nie mit dem Schiedsrichter an.

Schlage niemals zurück, wenn du gefoult wirst.

Konzentriere dich nicht darauf, den Gegner anzugreifen, sondern das Spiel zu gewinnen.

Vertraue darauf, dass der Schiedsrichter für die Einhaltung der Spielregeln sorgt.

Bobby Charlton

Viele der weltbesten Fußballspieler zeichnen sich durch besondere Fairness aus. In seiner 20-jährigen Karriere erhielt Bobby Charlton in seinen 860 Länder- und Vereinsspielen nur zwei gelbe Karten und keinen einzigen Platzverweis.

◀ Thorsten Fink und Steve McManaman geraten bei einer Champions-League-Halbfinalbegegnung zwischen Real Madrid und Bayern München aneinander.

▲ Bei der WM 1998 wird der niederländische Stürmer Jimmy Floyd Hasselbaink von dem Belgier Eric Deflandre zu Boden gerissen. Den Gegner festzuhalten ist ein Foul, das zu einem Frei- oder Strafstoß führt und dem Übeltäter eine gelbe oder rote Karte einbringen kann.

▼ Nicola Boselli (jetzt bei Piacenza) gefährdet Leandro von Sporting Lissabon (heute bei Dynamo Kiew) mit einem hohen Bein.

Verwarnung. Gelbe Karte. Vorgemerkt.

Diese Begriffe bezeichnen alle das Gleiche: Der Schiedsrichter zieht die gelbe Karte, hebt sie hoch und notiert in seinem Notizbuch den Namen und die Rückennummer des Spielers. Foulspiel, Widerspruch und Spielverzögerung lassen den Schiedsrichter zum gelben Karton greifen. Wiederholte kleinere Verstöße gegen die Spielregeln können ebenfalls zu einer Verwarnung führen.

Bitte kein Rot!

Im Eifer der Gefechtes geht es oft hoch her. Das ist aber keine Entschuldigung für grobe Regelverletzungen wie das Schlagen eines Gegners oder eine Schiedsrichterbeleidigung. Bei solchen und anderen Vergehen musst du mit der roten Karte rechnen. Zwei gelbe Karten bedeuten ebenfalls vorzeitiges Duschen. Auf eine rote Karte kannst du gar nicht stolz sein. Spieler, die sich einen Platzverweis einhandeln, verschaffen dem Gegner einen Vorteil. Nach einem Platzverweis kann der Spieler auch für eines oder mehrere Spiele gesperrt werden.

▲ Wer die »Notbremse« zieht, muss vom Platz: Wenn man ein Tor oder eine offensichtliche Torchance des Gegners durch ein frei- oder strafstoßwürdiges Foul oder durch absichtliches Handspiel verhindert bzw. zunichte macht, sieht man die rote Karte.

Der Schiedsrichter

Der Schiedsrichter hat es nicht leicht. Er muss 90 Minuten und länger über ein rasantes, dynamisches Spiel wachen. Seine Entscheidungen muss er in Sekundenschnelle treffen – er und seine Assistenten können sich keine Zeitlupenwiederholungen ansehen. Schiedsrichter sind auch nur Menschen und machen gelegentlich Fehler. Dennoch ist die Entscheidung des Schiedsrichters immer endgültig.

▼ Der italienische Schiedsrichter Pierluigi Collina ist dafür bekannt, dass er auch harte Entscheidungen nicht scheut.

▼ Manchmal werden Schieds- und Linienrichter von den Zuschauern beleidigt oder gar angegriffen. Bei dieser nationalen Begegnung in Kolumbien schützen Bereitschaftspolizisten den Schiedsrichter und seine Assistenten vor Wurfgeschossen aus der aufgebrachten Menge und geleiten sie vom Platz.

DIE ROTE KARTE ERHÄLT, WER ...

... zum zweiten Mal die gelbe Karte sieht,

... sich anstößig, beleidigend oder schmähend äußert,

... ein grobes Foul begeht,

... den Gegner gewaltsam angeht,

... krass gegen Regeln verstößt.

Vor dem Anpfiff

Es sind nur noch wenige Sekunden, bis der Schiri das Spiel anpfeift. Die Anspannung steigt. Bist du auch wirklich bereit? Hast du dich richtig aufgewärmt und deine Dehnübungen gemacht? Ist mit deiner Ausrüstung alles in Ordnung und hast du ausreichend Wasser getrunken?

Das Aufwärmen

Egal wie erfahren oder gut ein Spieler ist – er muss sich aufwärmen, um sich für das Spiel fit zu machen. Dazu eignen sich z. B. ein leichter Dauerlauf um den Platz, ein paar kurze Sprints und anschließend ein paar Sprünge aus der Hocke. Eine Mannschaft, die sich richtig aufgewärmt hat, hat gegenüber einem Gegner, der es damit nicht so ernst nimmt, einen entscheidenden Vorteil: Sie ist in den ersten Minuten des Spiels einfach wendiger und flinker.

▲ Aufwärmübung: Mit ein paar kräftigen Sprüngen bringst du deinen Blutkreislauf in Fahrt.

▲ Der Kniehebelauf: Beim Laufen ziehst du die Knie jeweils zur Brust hoch.

▲ Bei dieser Laufübung berühren die Fersen fast den Po.

Stretching

Wenn du deine Muskeln vor dem Spiel dehnst, sind sie leistungsfähiger und weniger verletzungsanfällig. Wärm dich vor dem Stretching gut auf. Baue bei den Dehnübungen die Muskelspannung langsam auf und ab und achte darauf, dass du die Muskeln nicht überdehnst. Halte die Spannung jeweils fünf bis zehn Sekunden aufrecht und wiederhole die Übungen mehrmals.

▼ Das Oberschenkelstretching kommt ganz zum Schluss. Stütze dich mit einer Hand ab und zieh mit der anderen den Unterschenkel an den Körper heran. Halte die Spannung zehn Sekunden und wiederhole die Übung mit dem anderen Bein.

▲ Dehnübung: Gehe wie gezeigt mit Armen und Oberkörper nach vorne. Halte die Spannung jeweils fünf Sekunden lang.

▲ Dehnübung: Die Fußsohlen berühren sich. Drücke mit den Ellenbogen die Knie nach unten und halte die Spannung.

▲ Dehnung der seitlichen Rumpfmuskulatur: Die Füße stehen schulterbreit auseinander. Gehe mit dem Oberkörper nach rechts und führe dabei die rechte Hand am Bein nach unten. Halte die Spannung und wiederhole dann die Übung links.

Einführung

Siehe auch

10–11 Spielfeld und Spieler

60–61 Trainer und Manager

68–69 Das Profi-Dasein

16

▼▶ Bei den Schuhen unten sind Stollen und Sohle aus einem Stück. Andere Fußballschuhe haben auswechselbare Schraubstollen (rechts).

Das Einmaleins der Fußballschuhe

Das Allerwichtigste zuerst: Die Schuhe müssen passen und bequem sein. Zwänge dich nicht in Fußballschuhe, nur weil dein Lieblingsspieler solche trägt. Vergiss die Logos und das ganze Werbetamtam – alles, was du brauchst, sind ein paar handwerklich gut gemachte Schuhe aus weichem Leder, die gut sitzen. Schuhe, die etwas taugen, sind strapazierfähig, stützen den Fuß vor allem im Gelenkbereich und haben eine breite Zunge, die nicht zur Seite hin verrutscht.

Schuhpflege

Wenn du deine Schuhe regelmäßig putzt und eincremst, bleibt das Leder schön weich. Falls die Schuhe mal nass werden, stellst du sie nicht auf die Heizung, sondern lässt sie bei normaler Zimmertemperatur trocknen; dann wird das Leder nicht rissig. Stopfe sie mit Zeitungspapier aus, damit sie ihre Form behalten.

Trikots, Shorts und Schienbeinschützer

Heute bestehen fast alle Trikots und Shorts aus leichten Synthetikmaterialien. Wenn du dir das Hemd in die Hose steckst, können dich deine Gegenspieler nicht so leicht festhalten. Sockenhalter verhindern, dass die Strümpfe rutschen. Früher war Zeitungspapier, das man sich vorne unter die Strümpfe schob, die einzige Möglichkeit, sich vor Stößen gegen das Schienbein zu schützen. Heute gibt es dafür eigens Schienbeinschützer aus Plastik zu kaufen – gegen blaue Flecken bist du damit allerdings auch nicht gefeit.

▲ Schienbeinschützer sind bei regulären Spielen Pflicht. Trage sie im Training und bei Übungsspielen – dann gewöhnst du dich daran.

▼ Berufsfußballer wie Sami Al Jaber aus Saudi-Arabien wärmen sich vor jedem Training oder Spiel auf und dehnen ihre Muskeln.

▲ Heutige Fußbälle (oben) sind leichter als die Bälle früherer Tage. Außerdem stoßen sie das Wasser ab.

▼ Nimm während und nach einer Trainingseinheit oder einem Spiel immer wieder kleinere Mengen Flüssigkeit zu dir, am besten Wasser oder Fruchtsaftgetränke.

▲ Die schweren Baumwolltrikots früherer Tage (links) wurden weitgehend durch Kleidung ersetzt, die aus leichteren Kunstfasern besteht (rechts).

PROFI-TIPPS

Wärme dich auch auf, wenn es deine Mannschaftskameraden nicht tun.

Baue bei Dehnübungen die Muskelspannung langsam auf und ab.

Reinige deine Ausrüstung und halte sie in Schuss.

Trage vor dem Spiel einen Trainingsanzug. Trinke immer wieder ein paar Schlucke Wasser.

▲ Auch die deutschen Nationalspieler halten sich im Training und vor dem Länderspiel mit einem Trainingsanzug warm.

17

Technik

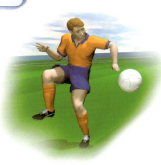

◀ Wenn du den Ball mit der Innenseite stoppen möchtest, stellst du dich quer zum Ball und verlagerst das Gewicht auf das Standbein. Sobald der Ball den Fuß berührt, folgst du der Bewegung und ziehst den Ball weich in Richtung Boden, sodass er schließlich vor dir zu liegen kommt.

Siehe auch

24–25 Bewegung und Raum

36–37 Tricks und Kunststücke

44–45 Sturm 2

Ballannahme

▲ Auch mit der Fußsohle kannst du den Ball stoppen. Drücke den Fuß nach unten, aber tritt nicht zu fest auf den Ball, sonst springt er dir seitlich weg.

Ein langer Ball ist auf dem Weg zu dir. Du könntest jetzt die Richtung des Balles durch eine Berührung mit dem Fuß ändern. Wahrscheinlicher ist es, dass du ihn stoppst und vor deine Füße beförderst. Erst dann läufst du los und spielst ihn ab oder schießt auf das Tor. Willkommen beim Thema Ballannahme – einer der wichtigsten fußballtechnischen Fertigkeiten.

Weich stoppen

Das Verlangsamen und Anhalten eines rollenden oder fliegenden Balles bezeichnet man als Stoppen. Dabei fängst du den Schwung des Balles wie ein Gummipuffer ab. Geh mit dem Körperteil, mit dem du den Ball berührst, seiner Bewegung nach. Unabhängig davon, mit welchem Körperteil du den Ball stoppst, ist es wichtig, locker zu bleiben und die Balance zu halten. Beobachte den Ball genau und bewege dich so geschmeidig wie möglich.

◀ Um einen hohen Ball mit der Brust anzunehmen, gehst du in leichte Schrittstellung. Du streckt dem Ball deine Brust entgegen und nimmst sie zurück, sobald er sie berührt. Dadurch nimmst du dem Ball den Schwung und er tropft von der Brust auf den Boden ab. Danach sicherst du den Ball so schnell wie möglich mit dem Fuß.

Ruud Gullit

Der Niederländer Ruud Gullit beherrschte den Ball perfekt. Mit der Ballannahme verschaffte er sich die Bewegungsfreiheit, um auch die anderen Techniken auszuspielen.

18

◀ Diego Tristan, der Star von Deportivo La Coruña, den hier gerade Frédéric Déhu von Paris Saint Germain bedrängt, hat seinen Sprung so getimt, dass er den aufsteigenden Ball mit der Fußinnenseite stoppen kann.

Stoppen – womit?

Fast jeder Körperteil, mit dem du gemäß den Fußballregeln den Ball berühren darfst, ist auch zur Ballannahme geeignet. Das Stoppen mit dem Oberschenkel und mit dem Vollspann ist zwar nicht einfach, dafür aber besonders für scharfe Bälle geeignet, die steil von oben auf dich zukommen. Egal, mit welcher Körperpartie du den Ball annimmst, du musst immer mit den Armen das Gleichgewicht halten und deinen Körper an der Flugbahn des Balles ausrichten.

»Wenn du den Ball erst beherrschst, ist Fußball ein Kinderspiel.«

Ferenc Puskás, ehemaliger Kapitän der ungarischen Nationalmannschaft

PROFI-TIPPS

Beobachte den heranfliegenden Ball mit Argusaugen.

Bringe dich so bald wie möglich in die richtige Position und bleibe ganz locker.

Folge mit dem stoppenden Körperteil der Bewegung des Balles.

Führe den Ball so zum Boden, dass er möglichst nahe an deinem Schussfuß zu liegen kommt.

▲ Wenn du den Ball mit dem Vollspann stoppen willst, hebst du den Fuß so an, dass die Oberseite in Schussrichtung zeigt und die Zehen leicht in Richtung Boden weisen. Sobald der Ball den Fuß berührt, ziehst du diesen nach unten. Dabei führst du den Ball mit zum Boden.

▶ Wenn du einen Ball mit dem Oberschenkel stoppen möchtest, hebst du das Bein so weit an, dass der Schenkel fast waagerecht steht. Sobald der Ball den Oberschenkel berührt, senkst du ihn ab.

Üben, üben, üben!

Geh hinaus und übe deine Ballkünste, sooft du kannst! Am besten trainierst du mit einem Freund. Passt euch den Ball unterschiedlich scharf und hoch zu. Du hast keinen Partner? Kein Problem – such dir draußen eine Hauswand weg von der Straße. Schieße den Ball so dagegen, dass er in unterschiedlichen Winkeln zu dir zurückprallt.

Technik

Pässe 1

Mit Pässen verbindet eine Mannschaft verschiedene Spielzüge, schaltet von Verteidigung auf Angriff um, wechselt die Spielrichtung und schafft Tormöglichkeiten. Vor einem Pass musst du entscheiden, wann du ihn auf wen spielen willst und welche Art von Pass es sein soll.

◄ *Punktgenaue Pässe können auch aus dem Lauf heraus gespielt werden – wie Margunn Haugenes von Fulham hier eindrucksvoll vorführt.*

Genauigkeit und Härte

Genauigkeit ist das A und O des Pass-Spiels. Der Ball soll präzise in die gewünschte Richtung gehen, ohne dass der Gegner eingreifen kann. Außerdem muss der Empfänger den Ball problemlos annehmen können. Wichtig ist, dass der Ball den Fuß mit der richtigen Geschwindigkeit verlässt. Man spricht auch von der Härte eines Passes. Sie hängt davon ab, wie stark du mit dem Schussfuß aufziehst und wie schnell du ihn zum Ball bewegst. Wie du die Härte eines Passes dosierst, findest du nur durch Übung heraus.

»Anfangs war ich Rechtsfüßer, aber dann trainierte ich intensiv meinen linken Fuß und am Ende war er besser als mein rechter.« George Best

◄ *Die Schwedin Karolina Westberg hat den Ball unter Kontrolle gebracht und schickt sich an, einen Pass zu schlagen. Ihre Körperposition lässt einen Außenspannstoß oder einen Vollspannstoß zu (siehe unten).*

Siehe auch

22–23 Pässe 2
24–25 Bewegung und Raum
42–43 Sturm 1
44–45 Sturm 2

1   2   3

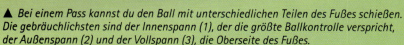

▲ *Bei einem Pass kannst du den Ball mit unterschiedlichen Teilen des Fußes schießen. Die gebräuchlichsten sind der Innenspann (1), der die größte Ballkontrolle verspricht, der Außenspann (2) und der Vollspann (3), die Oberseite des Fußes.*

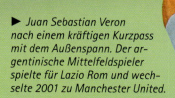

► *Juan Sebastian Veron nach einem kräftigen Kurzpass mit dem Außenspann. Der argentinische Mittelfeldspieler spielte für Lazio Rom und wechselte 2001 zu Manchester United.*

1   2   3

▲ Wenn man den Ball weich in der Mitte stößt, fliegt er flach über den Platz. Dadurch kann ihn der angespielte Kollege leichter annehmen. Solche Stöße eignen sich besonders für Entfernungen bis 20 Meter.

Hidetoshi Nakata

Der japanische Mittelfeldspieler Hidetoshi Nakata spielt perfekte Pässe. Er wurde 1998 Asiens Fußballer des Jahres und spielt seither für Perugia, Rom und Parma.

Der Innenspannstoß

Beim Innenspann- oder Innenseitstoß wird der Ball mit dem Innenspann oder der Fußinnenseite geschossen. Der Schussfuß bewegt sich flach über den Boden. Bei dieser Stoßart hast du die größtmögliche Kontrolle, denn der Ball kommt mit einer großen Fläche des Fußes in Berührung. Das erleichtert es dir, genau zu zielen. Den Fuß des Standbeins setzt du nahe dem Ball in Schussrichtung auf dem Boden auf. Dann legst du den Körper über den Ball, den du nicht aus den Augen lässt, schwingst das Spielbein im Hüftgelenk nach hinten und ziehst nach vorne durch. Das Fußgelenk ist im Moment der Berührung starr. Versuche den Ball in der Mitte zu treffen.

▼ Markiert mit zwei Hütchen oder Dosen ein 60 bis 80 Zentimeter breites Tor. Spielt euch durch das Tor hindurch saubere Pässe zu. Wenn ihr dann allmählich euren Abstand zum Tor vergrößert und dessen Breite verringert, verbessert ihr eure Passgenauigkeit.

▲ Fernando Redondo, bis 2000 bei Real Madrid, führt mit mustergültiger Körperhaltung und Balance einen Innenseitstoß aus.

Pass-Training

Auch Spitzenfußballer feilen ständig an ihrer Passtechnik. Nimm das Pass-Training genauso ernst wie die Profis! Setze dir zum Ziel, den Ball schnell unter Kontrolle zu bekommen und genau auf den Empfänger zu passen. Ideal ist es, wenn du den Ball mit beiden Füßen gleich gut schießt. Konzentriere dich daher bei Übungs- und Trainingseinheiten auf deinen schwächeren Fuß. Bitte deinen Trainer, die Übungen abzuwechseln, denn wenn du immer dieselben Übungen machst, kommt bald Langeweile auf.

PROFI-TIPPS

Halte den Kopf ruhig und lass den Ball nicht aus den Augen, während du den Pass spielst.

Dosiere die Härte, mit der du den Ball stößt.

Setz dich nach dem Pass sofort in Bewegung.

Trainiere das Passen so oft wie möglich mit deinem schwächeren Fuß.

Technik

Pässe 2

Spieler, die viele verschiedene Passtechniken beherrschen, kontrollieren und bestimmen das Spiel. Der Innenspannstoß ist die häufigste Passart. Mit anderen Passtechniken kannst du auch Kurzpässe, Aufsetzer, Heber oder lange Pässe spielen.

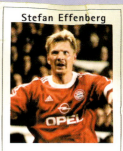

Der Mittelfeldspieler Stefan Effenberg war bekannt für seine präzisen Pässe, mit denen er den Spielfluss exakt bestimmen konnte.

Siehe auch

20–21 Pässe 1

26–27 Ballfertigkeiten

36–37 Tricks und Kunststücke

1

2

3

▲ Mit einem Heber spielst du den Ball über die Köpfe deiner Gegner hinweg. Versuche mit einer kurzen, nach unten gerichteten Bewegung und mit wenig Durchschwung den Ball im unteren Bereich zu treffen.

◄ Wenn du bedrängt wirst, musst du dir rasch überlegen, wohin und mit welcher Art von Pass du den Ball schnell und genau abspielen kannst. Dieser Spieler hat sich für einen Innenspannstoß entschieden.

Entfernungen abschätzen
Wenn der Mannschaftskollege, den du anspielen willst, gerade in Bewegung ist, musst du abschätzen, wo er sich befinden wird, wenn der Pass bei ihm ankommt. Du zielst daher auf diese Stelle und nicht auf die, an der er sich gerade befindet. Selbst bei einem sehr kurzen Pass kann die Strecke, die der Angespielte währenddessen läuft, schon etliche Meter betragen!

22

◀ Der »Pass-Kompass« ist eine gute Übung zur Verbesserung der Passtechnik. Während der Ball zu dem Spieler in der Mitte unterwegs ist, ruft einer der anderen Spieler »Norden«, »Süden«, »Osten« oder »Westen«. Der Spieler in der Mitte muss sich entsprechend drehen und den Ball in die gewünschte Richtung spielen.

Der Vollspannstoß

Mit dem Vollspannstoß spielst du weite Pässe sowohl aus dem Stand als auch aus dem Lauf. Du streckst dazu beide Arme aus, um das Gleichgewicht zu halten, setzt das Standbein neben dem Ball auf und legst den Körper über ihn. Dann schwingst du das Spielbein nach hinten und wieder nach vorne; die Zehen des Schussfußes sollten dabei zum Boden zeigen. Versuche den Ball so zu treffen, dass die Schnürsenkel ihn genau in der Mitte berühren, und achte auf einen langen und weichen Durchschwung. Je nachdem, wie du den Fuß anwinkelst, wie weit du dich über den Ball beugst und wie hoch du mit dem Spielbein aufziehst, kannst du steuern, wie weit und hoch der Pass geht.

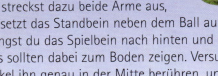

▶ Der Spanier Gaizka Mendieta hat gerade einen gelupften Vollspannstoß ausgeführt. Der Körper ist aufrecht, während das Spielbein beim Durchschwung nach links wandert.

1   2   3

▲ Ein gelupfter Pass befördert den Ball schnell durch die Luft. Um diese Art von Pass auszuführen, setzt du den Fuß deines Standbeins leicht schräg hinter dem Ball auf. Versuche, das Leder in der unteren Hälfte zu treffen. Das Spielbein bewegt sich im Durchschwung quer zum Körper auf die andere Seite.

Kurzpässe

Oft wirst du angespielt, wenn du gerade heftig von mehreren Gegnern bedrängt wirst. Wenn Zeit und Raum knapp sind, ziehst du dich am besten mit Kurzpässen aus der Affäre, die du mit dem Außen- oder Innenspann schlägst. Kurzpässe sind – der Name sagt es bereits – kurze, schnelle Pässe, bei denen sich der Ball auf oder knapp über dem Boden bewegt. Du »schnippst« den Ball mit dem vorderen Fußende kurz, aber kräftig davon.

»Fußball ist ein einfacher Sport, bei dem es lediglich darum geht, Pässe zu spielen und anzunehmen.« Bill Shankly

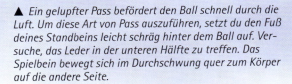

PROFI-TIPPS

Setze den Vollspannstoß für weite Pässe ein.

Bleibe immer zwischen dem Gegner und dem Ball, während du den Pass ausführst.

Verwende den Innenspannstoß für kurze Pässe in engen Räumen.

◀ Wenn es eng wird, kannst du einen Kurzpass auch mit dem Außenspann schlagen. Versuche den Ball mit der Partie rund um die kleine Zehe zu treffen.

1   2   3

Technik

Bewegung und Raum

Bewegung und Raumbewusstsein sind die Grundlage dafür, dass »der Ball wie von selbst läuft«. Mit knappen, genauen Pässen und entschlossener Bewegung im Raum wandert der Ball schnell über den Platz. Außerdem kann man mit präzisen Pässen und geschickten Bewegungen selbst die kompakteste Abwehr aufsprengen.

▲ *Passübung: Spielt euch im Dreieck (10–12 m Abstand) den Ball zu. Tauscht dabei ständig die Positionen und bewegt euch gemeinsam über den ganzen Platz.*

Passen und laufen

Mach dich nach dem Abspiel gleich auf den Weg, um den Kollegen, den du angespielt hast, zu unterstützen, gegnerische Abwehrspieler abzuhängen und das Spiel zu öffnen. Flinke Spieler laufen sich nach einem Pass frei, um gleich wieder anspielbar zu sein oder einen der nächsten Pässe des angelaufenen Spielzugs zu übernehmen.

PROFI-TIPPS

Ob mit oder ohne Ball: Halte Ausschau nach freien Räumen.

Behalte deine Mitspieler, die Gegner und den ballführenden Spieler ständig im Blick.

Gut aufpassen: Wo eben noch ein freier Raum war, ist er jetzt verschwunden und an anderer Stelle tut sich einer auf.

▲ *Markiert einen kleineren Bereich. Drei von euch spielen sich den Ball zu, bleiben dabei ständig in Bewegung und versuchen, ihn nicht an den Vierten zu verlieren. Ergattert dieser den Ball oder geht der Ball ins Aus, muss einer der drei Angreifer in die Mitte.*

Enzo Scifo

Der belgische Spieler Enzo Scifo verstand sich sowohl auf das Passen als auch auf das Spielen ohne Ball: Er war einfach immer und überall anspielbar.

Räume suchen und besetzen

Das Spielfeld ist groß und bietet immer freie Räume. Besetze, wenn du nicht in Ballbesitz bist, freie Räume, die Chancen eröffnen könnten, und bemühe dich dann darum, angespielt zu werden. Im Fußball tun sich Möglichkeiten genauso schnell und überraschend auf, wie sie anschließend wieder verschwinden. Halte Ausschau nach ungedeckten Räumen, die nicht vom Gegner blockiert werden und in denen dich der ballführende Kollege sicher anspielen kann.

Siehe auch

20–21 Pässe 1

26–27 Ballfertigkeiten

42–43 Sturm 1

▼ Um den Gegner zu umspielen, musst du den Pass genau dosieren, damit der Ball zwar schnell an ihm vorbeizischt, aber nur so weit geht, dass du ihn einholen kannst.

Bewacher abschütteln

Oft musst du einen Bewacher abschütteln, der dich eng deckt. Mach dem Gegner durch unvermittelte Tempo- und Richtungswechsel das Leben schwer. Eine beliebte Methode, einen Bewacher abzuschütteln, geht so: Du täuschst eine Bewegung an, die dich von deinem Ziel wegführt, drehst dich dann blitzschnell um und sprintest doch in die zunächst anvisierte Richtung.

▲ Doppelpass: Lauf mit dem Ball auf den Gegner zu, bis er versucht, dich anzugreifen. Spiele den Ball mit dem Innenspann zu einem Teamkollegen, der ihn dir ebenfalls mit dem Innenspann in den Raum hinter dem Gegner vorlegt.

▼ Luis Figo nimmt in der Drehung den Ball mit dem Außenspann mit.

▲ Drehung mit gleichzeitiger Ballmitnahme (Innenspann): Neige dich in die gewünschte Drehrichtung, nimm den Ball auf, drehe dich und ziehe ihn mit herum.

▲ Drehung mit gleichzeitiger Ballmitnahme (Außenspann): Neige dich in die gewünschte Drehrichtung, nimm den Ball auf, drehe dich und schiebe ihn mit herum.

Freier Raum hinter dem Gegner

Den freien Raum hinter einem Gegner solltest du wahrnehmen und nutzen. Du umspielst den Gegner mit geschicktem Dribbeln und flinken Drehungen (siehe S. 26–27). Aber es geht auch einfacher, z. B. mit dem Doppelpass: Du kickst den Ball zu einem Mitspieler, spurtest an deinem verdutzten Gegner vorbei und nimmst den Rückpass des »Wandspielers« wieder an. Oder die riskantere Variante: Du läufst auf den Gegner zu, schießt den Ball an ihm vorbei, überläufst ihn und stürmst mit dem Ball weiter, während sich dein Widersacher erst umdrehen muss.

Richtungswechsel

Dort, wo sich viele Spieler drängen, solltest du mit einer Drehung schnell die Richtung wechseln, sobald du einen Pass sicher angenommen hast. So lassen sich die Gegner täuschen und du gewinnst wertvolle Zeit, um den nächsten Schritt zu planen. Bleibe bei der Drehung zwischen Ball und Gegner. Wenn du genügend Zeit hast, stupst du, während du dich auf einem Fuß um dich selbst drehst, den Ball mit dem anderen Schritt für Schritt voran. Wirst du bedrängt, nimmst du den Ball in der Drehung mit.

25

Technik

Ballfertigkeiten

Egal ob du dribbeln oder den Ball vor dem Gegner abschirmen willst — in jedem Fall brauchst du eine gute Ballbeherrschung und die Fähigkeit, das Spielgeschehen um dich herum genau zu beobachten.

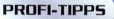

◀ Der nigerianische Fußballstar Jay Jay Okocha stürmt nach vorn, das Leder stets in Reichweite. Er weiß dabei immer, was um ihn herum geschieht.

Mit dem Ball laufen

Wenn du in Ballbesitz bist und einen freien Raum ausgemacht hast, bewegst du dich so schnell wie möglich dorthin. Stoße den Ball vor dir her und lege ihn dir jeweils so weit vor, dass du ein hohes Lauftempo erreichst. Wenn du den Ball mit dem Außenspann antippst, kommst du schnell voran. Behalte den Ball und das Geschehen um dich herum ständig im Auge.

▲ Das Abschirmen erfordert Kraft, Geschicklichkeit und die Fähigkeit, die Gegner im Blick zu behalten.

▲ Dieser Spieler dreht seinem Gegner den Rücken zu, um das Leder vor ihm abzuschirmen.

▲ Jetzt muss der Spieler über seine nächste Aktion nachdenken; hier ein Zuspiel mit dem Innenspann.

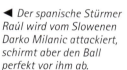

◀ Der spanische Stürmer Raúl wird vom Slowenen Darko Milanic attackiert, schirmt aber den Ball perfekt vor ihm ab.

Das Abschirmen des Balles vor dem Gegner

Das Abschirmen ist ein wichtiges Mittel, um am Ball zu bleiben und zu verhindern, dass der Gegner ihn sich erobert. Achte darauf, dass sich dein Körper immer zwischen dem Ball und dem Gegner befindet. Und du musst natürlich ständig deinen Gegner beobachten. Ob du einen Gegner abschirmst oder ihn behinderst, hängt davon ab, ob du in Ballbesitz bist oder nicht. Hast du den Ball nicht, darfst du auf keinen Fall den Lauf eines Gegners behindern, ihn schubsen oder festhalten. Während du den Ball abschirmst, musst du dir überlegen, was du als Nächstes tun wirst. Du kannst den Ball auf einen frei stehenden Mitspieler abgeben. Oder du drehst dich schnell um die eigene Achse, nimmst den Ball mit und umspielst auf diese Weise den Gegner.

PROFI-TIPPS

Halte am Ball das Gleichgewicht, schirme den Ball vor dem Gegner ab und behalte stets das Spielgeschehen im Auge.

Plane deine Aktionen genau und überlege, wem du wann und wo den Ball zuspielst.

Bei Zweikämpfen und auf dem Kleinfeld kannst du gut an deinen Ballfertigkeiten feilen.

Wähle immer die einfache Lösung.

▲ Der ballführende, dribbelnde Spieler wird gleich auf den Abwehrspieler treffen. Er senkt die rechte Schulter und neigt sich leicht nach rechts.

Siehe auch
20–21 Pässe 1
22–23 Pässe 2
42–43 Sturm 1

Das Dribbeln

Das Dribbeln erfordert ein gutes Gleichgewichtsgefühl, eine perfekte Ballbehandlung und eine gute Portion Selbstvertrauen. Führe dabei den Ball immer in kurzem Abstand vor dir. Achte darauf, dass du nie über ihn kommst, sonst kann es passieren, dass du ihn überholst. Treibe den Ball dabei mit kurzen, flinken Stößen mit dem Vollspann, dem Außenspann und dem Innenspann voran. Das Dribbeln ist sehr riskant, deshalb dribbelst du am besten nur, wenn du dich im mittleren oder vorderen Drittel des Spielfeldes befindest. Ein guter Dribbler weiß immer, wo er hinwill, und versteht es, den Ball rechtzeitig abzuspielen, bevor er von zwei, drei Verteidigern in die Zange genommen wird.

▲ Übe das Dribbeln erst ganz langsam und steigere dann die Laufgeschwindigkeit. Dieser Jugendspieler zeigt uns, wie man mit Slalomstangen trainiert, das Gleichgewicht zu halten und den Ball beim Richtungswechsel zu kontrollieren.

Dribbeln und täuschen

Wenn du nicht außergewöhnlich flink bist, verlierst du beim Dribbeln ohne Täuschungsmanöver todsicher den Ball. Zu diesen Manövern gehören Körperfinten, wenn du z. B. den Antritt zu einer Seite hin antäuschst und dann zur anderen läufst, oder plötzliche Tempowechsel, also wenn du aus dem schnellen Lauf heraus abrupt abstoppst und gleich wieder lossprintest. Um eine Körperfinte effektvoll auszuführen und den Gegner zu täuschen, muss man gut schauspielern und übertreiben können. Nach allen Täuschungsmanövern entfernst du dich schnell vom ausgetricksten Gegner. Achte darauf, dass sich dein Körper stets zwischen ihm und dem Ball befindet.

▲ Dribbel-Fangspiel: Alle Spieler versuchen sich gegenseitig mit dem Ball an den Füßen zu fangen, ohne den Mittelkreis zu verlassen. Wer einen andern abschlägt, bekommt einen Punkt. Wer abgeschlagen wird, verliert einen Punkt, wer den Ball verliert oder aus dem Kreis dribbelt, verliert zwei Punkte.

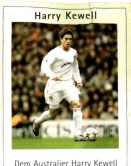

Dem Australier Harry Kewell scheint der Ball an den Füßen zu kleben. Er weiß aber auch, wann er sich mit einem Pass oder einem Torschuss von ihm trennen muss.

▲ Aufgrund der angetäuschten Bewegung des Dribblers nimmt der Abwehrspieler an, dass sein Gegner in diese Richtung läuft – und folgt ihm.

▲ Während der Abwehrspieler die falsche Richtung einschlägt, umspielt ihn der ballführende Spieler auf der anderen Seite und geht mit dem Ball davon.

Technik

1 *2* *3* *4*

▲ *Beim Grundtackling nähert sich der Angreifer (weißes Trikot) dem ballführenden Spieler (1), verlagert seinen Schwerpunkt über das Standbein und tritt dann energisch gegen den Ball (2). Der Angreifer konzentriert sich darauf, seinem Gegner das Leder abzunehmen (3), bringt den Ball unter Kontrolle und läuft schnell davon (4).*

Das Tackling

Wenn der Gegner in Ballbesitz ist, gibt es mehrere Möglichkeiten, das Leder zurückzuerobern. Du kannst versuchen, einen Pass abzufangen. Oder du holst dir den Ball mithilfe eines Tacklings. Das Tackling (engl. *to tackle*, »jdn. angreifen«) ist eine der wichtigsten Grundlagen deiner Spieltechnik. Nicht nur die Verteidiger müssen es beherrschen, sondern alle Spieler.

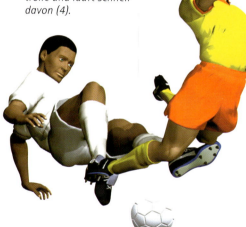

▲ *So eine schlecht getimte Grätsche von hinten führt zu keiner Ballberührung und zählt als Foul. Der Übeltäter kann verwarnt oder sogar vom Platz verwiesen werden. Je nachdem, wo das Foul begangen wurde, wird ein Frei- oder Strafstoß verhängt.*

Blocken – das Grundtackling

Das Blocken ist die häufigste Tacklingtechnik. Dabei stehst du einem Gegenspieler normalerweise frontal gegenüber. Setze dein Standbein fest auf den Boden auf und beuge dich leicht nach vorn; auf diese Weise bringt dich nichts so leicht aus dem Gleichgewicht. Blocke den Ball mit der Fußinnenseite. Meistens reicht das schon aus, um den Gegner vom Ball zu trennen.

Tackling-Übungen

Das Gefühl für ein zeitlich gut abgestimmtes Tackling bekommst du nur durch Ausprobieren und Üben. Gehe genau dann in die Bewegung, wenn dein Gegner gerade aus dem Gleichgewicht ist, nur den Ball fixiert oder ihn sich zu weit vorgelegt hat. Greife immer von vorn oder von der Seite an und bleibe nach Möglichkeit auf den Beinen. Dann kannst du dich gleich mit dem Ball davonmachen oder – falls du mit deinem Tackling nicht erfolgreich warst – dem Ball hinterherjagen.
Das A und O sind Entschlossenheit und Selbstvertrauen. Wenn du dein Tackling nicht mit vollem Einsatz durchführst, wirst du kaum Erfolg haben.

Siehe auch
46–47 Abwehr 1
48–49 Abwehr 2

Franco Baresi

Franco Baresi, einer der besten Ausputzer, die Italien je hatte, beherrschte das Tackling perfekt. An der Seite Marco van Bastens und Ruud Gullits führte er viele Siege für den AC Mailand herbei.

Das Gleittackling

Manchmal ist ein Gleittackling die einzige Möglichkeit, einen Ball zu klären oder abzufälschen. Das Gleittackling sieht spektakulär aus. Wenn es aber schlecht ausgeführt wird, birgt es ein hohes Verletzungsrisiko und kann leicht zu einem Frei- oder Strafstoß führen. Achte darauf, dass du dein Standbein im Knie ordentlich abwinkelst, während du in den Ball hineinrutschst. Sobald du den Ball berührst, musst du dein Gewicht aufs Spielbein verlagern. Meistens wird ein Gleittackling zum Klären eines Balles eingesetzt, manche Spieler versuchen allerdings, das Leder so mit dem Fuß festzuklemmen, dass sie selbst in Ballbesitz kommen.

◄ Manchmal muss man bereits angreifen, wenn sich der Ball noch in der Luft befindet. Hier kämpfen die Engländerin Karen Burke und die Schottin Michelle Barr um den Ball.

PROFI-TIPPS

Gehe immer auf den Ball, nie auf den Spieler.

Behalte beim Tackling den Ball im Auge, nicht den Gegner.

Bemühe dich beim Grundtackling um einen festen Stand und lege dein ganzes Gewicht in die Aktion hinein.

Bringe nach dem Tackling den Ball unter Kontrolle, nimm den Kopf hoch und setze dich in Bewegung.

► Sol Campbell, bis Mitte 2001 Verteidiger bei Tottenham Hotspur, hat sein Gleittackling perfekt getimt und nimmt Robert Pires von Arsenal London den Ball ab.

▲ Der englische Mittelfeldspieler Steven Gerrard greift den brasilianischen Stürmer Rivaldo von der Seite her an. Beim Tackling verlagert er sein Gewicht auf das Spielbein und hält mit gebeugtem Standbein das Gleichgewicht.

Technik

Schusstechniken

Um den Ball am Torhüter und sonstigen Gegenspielern vorbeizubekommen, musst du genau zielen und die Härte deines Schusses gut dosieren. Befindet sich der Ball noch in der Luft, wenn er bei dir eintrifft, nimmst du ihn volley. Volleyschüsse eignen sich für Torversuche, aber auch für schnelle Pässe und weite Befreiungsschläge.

Der niederländische Mittelstürmer Marco van Basten war ein hervorragender Schütze. Er erzielte etliche spektakuläre Tore, darunter einen Volleytreffer gegen Russland bei der EM 1988.

Siehe auch

36–37 Tricks und Kunststücke

42–43 Sturm 1

44–45 Sturm 2

1

2

3

Der Volleyschuss
Von einem Volleyschuss spricht man, wenn der Fuß den Ball berührt, noch während dieser in der Luft ist. Da du dein ganzes Körpergewicht in einen Volleyschuss legen kannst, ist er besonders kraftvoll. Ein Volleyschuss sieht sehr spektakulär aus und verlangt eine gehörige Portion Technik. Du musst den heranfliegenden Ball ständig im Blick behalten und seine Geschwindigkeit möglichst genau einschätzen.

▲ Volleyschüsse braucht man sowohl für den Angriff als auch für die Abwehr. Hier bringt der französische Vorstopper Marcel Desailly den Ball mit einem klärenden Volleyschuss aus der Gefahrenzone.

▲ Hüftdrehstoß: Du holst mit dem Spielbein weit nach hinten und oben aus und trittst mit dem Vollspann gegen das Leder (2). Dein Fuss muss etwas über dem Ball sein. Lass anschließend das Spielbein weich durchschwingen (3).

Innenspann-Volley
Beim Volley-Zuspiel schießt du mit dem Innenspann einen weichen, leicht abgedämpften Pass zu einem Mannschaftskollegen in der Nähe, der sich in einer besseren Position befindet. Du musst den Ball sehr früh in der Mitte oder etwas darüber treffen. Mit dem Innenspann kannst du auch einen Volley über kurze Distanz ausführen, mit dem du einen Aufsetzer in Richtung Tor umleitest.

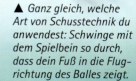

▲ Ganz gleich, welche Art von Schusstechnik du anwendest: Schwinge mit dem Spielbein so durch, dass dein Fuß in die Flugrichtung des Balles zeigt.

◀ Um einen Vollspann-Volley zu schlagen, hebst du das Knie des Spielbeins an und streckst den Fuß so nach unten, dass die Zehen zum Boden zeigen (1); der Kopf ist dabei weiter vorn als das Knie (2). Wenn du den Ball sauber erwischst, fliegt er in die anvisierte Richtung.

▲ Beim Halbvolleyschuss (»Dropkick«) trifft der Ball erst auf dem Boden auf und wird getreten, wenn er wieder in der Luft ist. Strecke den Fuß im Fußgelenk nach unten durch.

Vollspannstoß

Der Vollspannstoß ist die Grundlage der Torschusstechnik, die du wohl am häufigsten anwendest. Mit dem Vollspann schießt du dabei nicht einen weiten gelupften Pass, sondern du bringst deinen Körper über den Ball und versuchst den Ball flach zu halten. Falls du ausreichend Zeit und Platz hast, zielst du auf die Bereiche unterhalb der Torecken. Für einen Hechtsprung dorthin benötigt der Torhüter nämlich mehr Zeit als hinauf zu den Lattenkreuzen. Falls du dich seitlich vom Tor befindest, zielst du auf die Torseite, die nicht vom Torwart abgedeckt wird.

PROFI-TIPPS

Halte den Ball flach und schieße platziert.

Laufe für den Fall, dass der Ball zurückprallt, nach dem Schuss (auch eines Mitspielers) sofort in Ballrichtung.

Schieße immer mit vollem Einsatz. Entscheide dich während eines Schusses nicht um.

Keine Angst vor dem Schuss – geh beherzt ran!

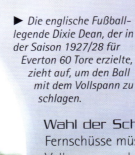

▶ Die englische Fußballlegende Dixie Dean, der in der Saison 1927/28 für Everton 60 Tore erzielte, zieht auf, um den Ball mit dem Vollspann zu schlagen.

Wahl der Schusstechnik

Fernschüsse müssen volley oder mit dem Vollspann geschossen werden. So haben sie ausreichend Wucht, um den Torwart ernsthaft in Bedrängnis zu bringen. Wenn du außerdem die Bananenflanke beherrschst und den Ball anschneiden kannst, erzielst du noch mehr Tore. Bei kurzen Entfernungen legen die meisten Spieler mehr Wert auf Genauigkeit als auf Wucht und treten den Ball kräftig mit dem Innenspann.

▲ Solch ein Rechteck eignet sich für das Schusstraining zu zweit: Einer passt dem anderen den Ball zu und ruft dabei einen Buchstaben; der andere versucht in das entsprechende Feld zu treffen.

▲ Der Japaner Naohira Takahar versucht mit einem volley gespielten Heber den Ball über den uruguayischen Torhüter zu lupfen.

31

Technik

Siehe auch

42–43 Sturm 1

44–45 Sturm 2

46–47 Abwehr 1

52–53 Der Eckstoß

Der Kopfstoß

Der Ball befindet sich während eines Spiels genauso lang in der Luft wie auf dem Spielfeld. Daher müssen nicht nur die Innenverteidiger und Stürmer, sondern alle Spieler das Köpfen beherrschen. Ein Kopfstoß tut nicht weh – vorausgesetzt, du spielst den Ball mit der Stirn.

▲ Bei einer »Kopf-Granate« aus vollem Lauf springt der Spieler mit dem vorderen Fuß ab, schnellt energisch in die Höhe und stößt den Ball mit maximaler Wucht. Um die Balance zu halten, winkelt er die Beine leicht an.

▲ Achte darauf, dass du den Ball mit der Stirn triffst. Schließe die Augen während und nach dem Zustoßen nicht.

▲ Eckstöße bieten gute Kopfballmöglichkeiten. Nur mit perfekter Körperbeherrschung aber gelingt es dir, den Ball am Torwart vorbeizulenken.

▶ Der dänische Mittelfeldspieler Allan Nielsen bei einem spektakulären Flugkopfball (bei einem Spiel von Tottenham Hotspur gegen Coventry City). Er hat die Arme ausgebreitet, um den Fall abzufangen.

Dem Ball entgegengehen

Bei einem Kopfstoß springst du nur in die Höhe, wenn es absolut notwendig ist. Bleibst du beim Köpfen mit den Füßen auf dem Boden, hast du viel mehr Stabilität. Bring dich frühzeitig in die richtige Position und warte nicht ab, bis der Ball deinen Kopf trifft, sondern gehe ihm entgegen. Kurz vor der Berührung spannst du die Nackenmuskeln an.

Augen auf!

Mit einem Kopfball bringst du das Leder normalerweise auf eine waagerechte oder schräg nach unten gerichtete Flugbahn. Versuche den Ball ununterbrochen zu beobachten, bis er deine Stirn berührt. Achte darauf, dass du den Ball von oben herab stoßen kannst. Ausnahme: das Klären eines Balles in der Defensive. In diesem Fall steigst du unterhalb des Balles nach oben.

32

Sprungkopfball

Wenn du mehr Wucht in deinen Kopfstoß legen willst, spannst du Kopf und Oberkörper wie einen Bogen nach hinten und schnellst dann schlagartig nach vorne gegen den Ball. Beim Sprungkopfball springst du vom Boden ab und köpfst in der Luft. Dabei ist das richtige Timing sehr wichtig. Idealerweise triffst du den Ball am höchsten Punkt des Sprungs. Indem du die Arme nach hinten wirfst, treibst du den Kopf noch schneller gegen den Ball.

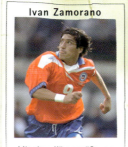

Ivan Zamorano

Mit einer Körpergröße von gerade mal 1,78 Meter ist der chilenische Stürmer Ivan Zamorano der beste Beweis dafür, dass ein Kopfballspezialist nicht groß sein muss.

▲ Der französische Verteidiger Laurent Blanc köpft den Ball nach vorne. Kopfballstarke Verteidiger wie Blanc schalten sich bei Standardsituationen wie Freistößen oder Eckbällen in den Angriff ein.

▼ Abwehrkopfbälle müssen sowohl hoch als auch weit gehen. Hier klärt der Verteidiger einen gefährlichen Ball, indem er bei zur Seite gedrehtem Kopf am höchsten Punkt des Sprunges köpft.

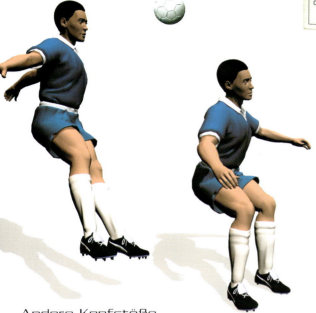

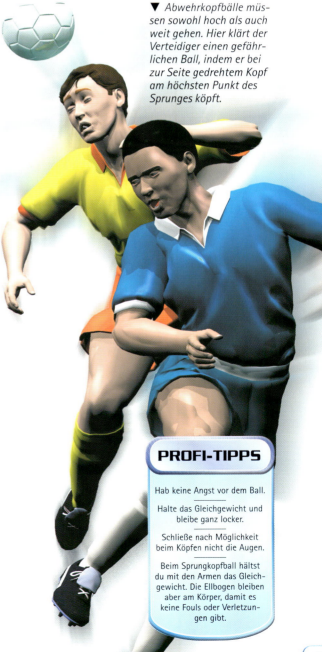

Andere Kopfstöße

Wenn du einen Ball mittels Kopfstoß stoppen willst, gehst du mit dem Kopf weich nach hinten, sobald der Ball deine Stirn berührt. So federst du den Schwung des Balles ab und lässt ihn auf den Boden abtropfen. Der Rückwärtskopfstoß dagegen ist bei einem langen Befreiungsschlag, einem Eckstoß auf den kurzen Pfosten oder einem Torschuss deines Torwarts üblich. Dabei köpfst du den Ball hinter dich und lenkst ihn zu einem mitstürmenden Mannschaftskameraden.

▲ So trainiert ihr zu zweit Kopfstöße: Einer von euch wirft den Ball aus 5 m Entfernung von unten so auf den Partner, dass dieser ihn mit dem Kopf erreichen kann. Der Partner versucht den Ball auf die Füße des Werfers zurückzuköpfen. Nach 10 Kopfbällen tauscht ihr die Rollen.

PROFI-TIPPS

Hab keine Angst vor dem Ball.

Halte das Gleichgewicht und bleibe ganz locker.

Schließe nach Möglichkeit beim Köpfen nicht die Augen.

Beim Sprungkopfball hältst du mit den Armen das Gleichgewicht. Die Ellbogen bleiben aber am Körper, damit es keine Fouls oder Verletzungen gibt.

Technik

Kleinfeldfußball

Kleinfeldfußball macht nicht nur Spaß, sondern er eignet sich auch gut, um deine Technik zu verbessern. Unzählige Menschen spielen tagtäglich auf dem Kleinfeld – sei es nach der Schule auf dem Bolzplatz oder wettbewerbsmäßig in organisierten Ligen.

Siehe auch
20–21 Pässe 1
24–25 Bewegung und Raum
30–31 Schusstechniken

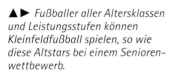

▲▶ *Fußballer aller Altersklassen und Leistungsstufen können Kleinfeldfußball spielen, so wie diese Altstars bei einem Seniorenwettbewerb.*

Wozu Kleinfeldfußball?

Bei einer Kleinfeldpartie kommen alle Spieler häufiger an den Ball als bei Begegnungen auf dem großen Feld. Außerdem werden hier bestimmte Fertigkeiten und Techniken intensiver gefordert und geschult. Es gibt beim Kleinfeldfußball weniger Spielunterbrechungen und das Geschehen konzentriert sich nicht so sehr auf Standardsituationen. Alle Spieler müssen daher stets wachsam und einsatzbereit sein.

▼▶ *Kleinfeldfußball wird nach speziellen Regeln gespielt. So ist es verboten, den Ball über Kopfhöhe zu spielen (rechts) oder den gegnerischen Torraum zu betreten (unten).*

Kleinfeldfußball mit Bande

Die verschiedenen Formen des Kleinfeldfußballs folgen unterschiedlichen Regeln. Bei den meisten Varianten darf der Ball nicht über Schulter- oder Kopfhöhe gespielt werden und den Feldspielern ist es untersagt, den Torraum zu betreten. Beim Hallenfußball werden niedrigere Tore benutzt. Anstelle der Begrenzungslinien gibt es Banden. Dadurch bleibt der Ball im Spiel und die Spieler können die Bandenabpraller taktisch nutzen.

▶ *Die Banden bieten besondere Möglichkeiten. Hier versperren zwei Gegner dem ballführenden Spieler den Weg. Er schießt den Ball gegen die Bande, umläuft den Gegner auf der linken Seite und nimmt den zurückgeprallten Ball wieder an.*

Kleinfeldfußball für Jugendspieler

Bei Kleinfeldspielen stehen nicht Körpergröße oder Körperbau, sondern Technik und Beweglichkeit im Mittelpunkt. Sie sind daher ideal für Spieler, die sich noch im Wachstum befinden. Da der Platz nicht so groß ist und Spielsysteme keine Rolle spielen, kann jeder an seinen Angriffs- und Abwehrtechniken feilen. Kleinfeldpartien fördern den Angriffsfußball. Ein Rückstand um zwei oder mehr Tore kann mittels schneller und genauer Pässe und flacher Schüsse rasch ausgeglichen werden. Und bei dem hohen Spieltempo bleibt keine Gelegenheit, lange über Fehlern zu brüten.

▲▶ *Auf dem Kleinfeld trainieren die Nachwuchshoffnungen (rechts die des italienischen Vereins Perugia) ihre Technik.*

Futsal

Futsal, eine Variante des Kleinfeldfußballs, wurde 1989 von der FIFA zugelassen. Das Spielfeld etwa von der Größe eines Basketballfelds wird nicht von Banden begrenzt und der relativ kleine Ball darf auch über Kopfhöhe gespielt werden. Die Spieler können im fliegenden Wechsel ausgetauscht werden. Die Halbzeiten dauern 20 Minuten; geht der Ball aus, wird die Uhr angehalten. Der Schiri verhängt einen direkten Freistoß gegen eine Mannschaft, sobald sie sechs schwere Fouls in einer Halbzeit begangen hat. Der Abstand zum Tor beträgt dabei nur 12 m, es darf keine Mauer gebildet werden.

◀▲ *Kleinfeldfußball kann man nahezu überall spielen. Diese aufblasbare Kleinfeldbegrenzung ist innerhalb weniger Minuten einsatzbereit.*

▲ *Wie auf diesem Spielplatz in Buenos Aires wird überall auf der Welt in Hinterhöfen und Parks, auf Bolzplätzen und Wiesen Fußball gespielt. Die Spieler trainieren ihre Technik mit einfachen Übungen, halten den Ball z. B. möglichst lange in der Luft.*

Straßenfußball

Auch auf Nebenstraßen, in Hinterhöfen und in Parks kann man Fußball spielen. Die meisten Spitzenfußballer haben dort als Kinder allein oder mit Freunden ihre Künste probiert. Viele Profis haben mit einem Tennisball oder einem anderen kleinen Ball herumgekickt und dabei eine enorm gute Ballbehandlung erworben.

Strandfußball

Der Strandfußball hat sich in jüngster Zeit zu einer organisierten Sportart entwickelt, die auch mit angesehenen Wettbewerben aufwarten kann. Dazu zählt die »Umbro's Pro Beach Soccer Series« mit Spielern, die früher auf dem internationalen Rasen Stars waren, z. B. Lodovico Costacurta aus Italien, Adelino Nunes aus Portugal und John Barnes aus England.

◀▼ *Der brasilianische Superfußballer Zico (unten) wurde mit Futsal groß. Er sagt, dem Futsal verdanke er all sein Können. Stars wie Claudio Gentile aus Italien (links) wirken heute bei Strandfußball-Wettbewerben mit.*

Technik

Tricks und Kunststücke

Fallrückzieher, Seitfallzieher, Scherenschläge – diese und andere Kunststücke sind echte Hingucker, besonders, wenn sie von einem Best oder einem Pelé vorgeführt werden. Du solltest dich zunächst auf Techniken wie den Hacken- oder den Sohlentrick konzentrieren, die einfacher sind, dafür aber ungemein hilfreich.

◀ *Der Fersenstoß oder Hackentrick ist eine tolle Möglichkeit, unvermittelt die Laufrichtung des Balles zu ändern und den Gegner zu täuschen. Stoße den Ball in der Mitte mit der Ferse oder der Sohle deines Standfußes, der sich auf einer Linie mit ihm befindet, nach hinten.*

Flieg mal wieder
Bei einem Fallrückzieher ist der Fuß des Standbeins noch auf dem Boden, während der Schussfuß den Ball über deinen Kopf hinweg nach hinten in Richtung Tor schlägt. Noch schwieriger ist der Scherenschlag oder Schrägzieher: Dabei wirfst du dich schräg in die Luft und schwingst mit dem Sprungbein nach hinten, während das Spielbein den Ball über die Schulter hinweg nach hinten schlägt. Übe Fallrückzieher und Scherenschlag nur auf weichem Untergrund, niemals auf Kunstrasen oder einem Hartplatz!

Showeffekte
Kunststückchen wie der Hacken- oder der Sohlentrick sind wertvolle Techniken, die alle Spieler ab und zu anwenden sollten. Andere Tricks wie das Abfangen des Balls mit dem Rücken oder das Hochspielen über den Rücken sind eher etwas fürs Auge und ohnehin selten gefragt – es macht aber Spaß, sie zu üben!

◀ *Eine besonders spektakuläre Art, einen hoch anfliegenden Ball anzunehmen und weiterzugeben, ist der Seitfallzieher.*

Siehe auch

30–31 Schusstechniken

34–35 Kleinfeldfußball

▲ *Der Ecuadorianer Clever Chala bei einem perfekten Fallrückzieher. Um den Schuss flach zu halten, bringt er den Fuß über den Ball.*

▶ *Um das Leder über den Rücken zu spielen, setzt du einen Fuß vor dem Ball auf (1) und klemmst ihn zwischen den Zehen des hinteren und der Ferse der vorderen Fußes ein (2). Dann rollst du den Ball mit dem hinteren Fuß an der Wade des vorderen Beines entlang nach oben und kickst ihn dann so hoch (3), dass er über deinen Kopf fliegt (4) und vor deinen Füßen landet.*

1   2   3   4

36

Getunnelt!

Für einen Spieler gibt es kaum etwas Peinlicheres als einen Beinschuss, d. h. getunnelt zu werden. Tunneln heißt, den Ball durch die Beine des Gegners hindurchzuschießen, um ihn auf einen Mannschaftskameraden abzuspielen oder selbst wieder unter Kontrolle zu bringen, nachdem man den verdutzten Gegner umlaufen hat. Ein Beinschuss führt zwar eher zu einem Ballverlust als ein Pass, aber wenn er gelingt, ist er sehr wirkungsvoll.

▲ *Der Kongolese Kibemba Mbayo (rechts) wird vom Tunesier Faouzi Rouissi (links) getunnelt — der Ball geht ihm glatt durch die Beine.*

Sparsam dosieren

Mit Ballkunststücken wie dem Fallrückzieher kannst du zwar deine Freunde beeindrucken, aber im Spiel wirst du sie nur selten brauchen. Verwende solche Techniken nie zur Unterhaltung der Mitspieler oder Zuschauer, sondern nur dann, wenn sie deiner Mannschaft einen echten Vorteil verschaffen.

▼ *Zinedine Zidane (rechts) gibt eine Kostprobe seiner unglaublichen Ballbeherrschung: Im Laufen drückt er den Ball mit dem Außenrist auf den Rasen hinunter.*

Rivaldo

Der brasilianische Mittelfeldspieler Rivaldo verfügt über ein breites Technik-Repertoire. Er war Torschützenkönig der spanischen Liga und 1999 Weltfußballer des Jahres.

1
2
3
4

▲ *Beim Sohlentrick tust du so, als ob du mit dem Ball in eine Richtung gehen willst. Plötzlich stoppst du den Ball (1), ziehst ihn mit der Sohle zu dir zurück (2), drehst dich (3) und gehst mit dem Ball auf und davon (4).*

◀ *Der US-Amerikaner Claudio Reyna jongliert beim Training den Ball auf dem Kopf.*

▲ *Der kolumbianische Torhüter René Higuita hat eine neue Methode entwickelt, den Ball aus dem Torraum zu befördern — den »Skorpion«, bei dem er im Handstand den Ball mit beiden Füßen über den Kopf kickt.*

37

▶ Beim Torhütertraining schießen oder werfen Mitspieler den Ball aus kurzer Distanz in unterschiedlichen Höhen auf den Keeper.

»Der Torwart ist einer der fittesten, beweglichsten, flinksten und entschlossensten Spieler der Mannschaft.«
Gordon Banks

▲ Der schwedische Torhüter Magnus Hedman in der Grundstellung, aus der er alle Torhüterbewegungen ausführen kann.

Das Torwartspiel 1

Der Torhüter trägt besonders viel Verantwortung. Er darf als einziger Spieler den Ball mit der Hand spielen (vorausgesetzt er befindet sich in seinem Strafraum) und stellt die hinterste Verteidigungslinie dar. Eine schlechte Torwartleistung kann der eigentlich besseren Mannschaft eine Niederlage einbringen, wohingegen ein guter Keeper schon so manchen denkwürdigen Sieg gerettet hat.

Grundstellung

Eine einfache, aber wichtige Voraussetzung für ein erfolgreiches Torwartspiel ist es, die Grundstellung einzunehmen, sobald der Gegner angreift: Die Füße stehen schulterbreit auf dem Boden, die Arme befinden sich vor dem Körper, der Blick ist fest nach vorn gerichtet, der Oberkörper leicht nach vorn gebeugt. Zwei Fehler sind bei der Grundstellung häufig: Die Beine sind zu weit auseinander — dadurch wird der Richtungswechsel erschwert — und der Torwart steht flach auf den Fußsohlen — so ist eine schnelle Bewegung nahezu unmöglich. Der Torwart sollte immer die Fersen anheben und auf den Fußballen stehen, wenn Gefahr droht.

▶ Ein flacher Ball: Bringe die Hände hinter den Ball, nimm ihn auf und sichere ihn vor der Brust.

◄ *Der Torhüter hat die Grundstellung eingenommen (2). Daraus kann er sich nach rechts bewegen, um einen hüfthohen Ball abzufangen (1), oder einen weiten Hechtsprung nach links machen (3 und 4).*

▲ *Mit der Faust kann der Torhüter sprunghohe Bälle aus dem Strafraum befördern.*

Verständigung und Stellungsspiel

Aufgabe des Torwarts ist es, Tore zu verhindern. Viele Torchancen lassen sich ganz unspektakulär vereiteln — mit Konzentration, einem guten Stellungsspiel und einer funktionierenden Verständigung. Ein richtig positionierter, wachsamer Torwart kann das Geschehen vor sich besser erfassen als seine Mitspieler und sollte diese daher mit Tipps und Hinweisen unterstützen. Bei Standardsituationen wie Frei- und Eckstößen übernimmt der Torhüter das Kommando in seinem Strafraum und dirigiert seine Spieler mit klaren, kurzen Anweisungen.

Das Aufnehmen des Balles

Viele Schüsse und ungerichtete Bälle können auch ohne Hechtsprung aufgenommen werden — dank flinker Beinarbeit und genauem Augenmaß. Man sorgt dafür, dass sich der Körper im Moment der Ballaufnahme vollständig hinter dem Leder befindet. Versuche den Ball abzufedern, wenn er bei dir ankommt. Dazu führst du die Hände dem Ball entgegen, berührst ihn schon vor deinem Körper und nimmst ihn zu dir heran. Vergiss nicht: Weiches Annehmen ist sicheres Annehmen. Da Torschüsse, ungenaue Pässe und verirrte Flanken aus unterschiedlichen Winkeln anfliegen, muss der Torhüter viele Abwehrtechniken trainieren, etwa das Aufnehmen und Fangen flacher, schenkelhoher, hüfthoher, brusthoher und kopfhoher Bälle.

▲ *Die Arme sind 20 bis 30 Zentimeter vor dem Körper seitlich hinter dem Ball, die Finger weit gespreizt.*

PROFI-TIPPS

Nimm die Grundstellung ein und richte den Blick nach vorn.

Bringe deinen Körper in die Bahn des Balls und strecke ihm die Hände entgegen.

Wenn du einen Ball abwehren willst, teilst du das deinen Mitspielern laut und deutlich mit.

Sei mutig und entschlossen.

◄ *Wenn ein Angreifer die Abwehr durchbricht, verlässt der Torwart seine Position auf der Linie (1), läuft auf den Angreifer zu und verkürzt dadurch den Schusswinkel (2). Dann hechtet er vor die Füße des Angreifers, streckt sich und begräbt den Ball unter sich (3).*

Gordon Banks

Der legendäre englische Torhüter Gordon Banks parierte z. B. bei der WM 1970 einen Schuss von Pelé. Mit der englischen Nationalelf gewann er 1966 den WM-Titel.

Positionen

Das Torwartspiel 2

Ein guter Torhüter ist wachsam und konzentriert und verständigt sich mit seiner Mannschaft. Wenn er günstig steht, überblickt der Torhüter das Spiel am besten und kann seine Mitspieler daher mit Ratschlägen und Anweisungen unterstützen. Als Torwart muss man zahlreiche Abwehrtechniken beherrschen, Hechtsprünge machen, Pässe schlagen und Bälle verteilen.

Siehe auch

22–23 Pässe 2

38–39 Das Torwartspiel 1

58–59 Strafstöße

PROFI-TIPPS

Schlage den Ball weit nach vorn, falls in der eigenen Hälfte kein Mitspieler frei steht.

Hake eigene Fehler schnell ab und konzentriere dich auf das Spiel.

Eine klare Verständigung untereinander verhindert so manchen Abwehrfehler.

Ein guter Torhüter braucht Selbstbewusstsein, Ruhe und Umsicht.

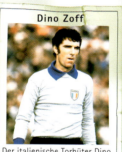

Dino Zoff

Der italienische Torhüter Dino Zoff war ein Klasse-Keeper, der auch unter Druck Ruhe bewahrte. Zwischen September 1972 und Juni 1974 blieb er 1143 Länderspielminuten ohne Gegentor – Rekord!

▶ Ein gewaltiger Hechtsprung und anschließendes Ablenken des Balles ist manchmal die letzte Möglichkeit, ein Tor zu verhindern. Wenn der Torwart versucht, den Ball am Pfosten vorbeizudrücken oder über die Latte zu heben, muss er damit rechnen, dass das Leder doch noch in das Spielfeld zurückprallt!

Fausten oder ablenken?

Am sichersten ist es, den Ball mit beiden Händen zu fangen. Wenn das nicht möglich ist, bleibt nur noch, das Leder wegzufausten oder abzulenken. Um einen Ball zu fausten, bringst du die geballten Fäuste nahe zusammen und winkelst sie leicht nach unten ab. Dann fixierst du die Handgelenke und boxt den Ball mit einem kurzen, festen Stoß in die Mitte weg. Falls du dich schon nach dem Leder gestreckt hast, kannst du ein Tor nur noch verhindern, indem du den Ball mit den Handflächen oder den Fingerspitzen so ablenkst, dass er außen am Pfosten vorbeisegelt oder über die Latte geht.

◀ Manchmal ist ein Torhüter auch leichtsinnig. Bei der WM 1990 versuchte der kolumbianische Torhüter René Higuita, den Kameruner Roger Milla zu umdribbeln. Milla verwandelte, und Kamerun gewann die Partie schließlich 2 : 1.

◀ Dieser Torhüter verlässt zuerst seine Grundposition nach links (1), springt dann mit einem Fuß ab (2) und fängt den Ball im Fallen (3). Am Boden sichert er den Ball mit Körper und Armen (4).

Der Hechtsprung

Zu den Abwehrtechniken des Torhüters zählen auch Hechtsprünge. Dabei fängst du den Ball vor dem Körper. Lass ihn nicht aus den Augen, bis er deine Hände berührt. Sichere den Ball dann so schnell wie möglich an der Brust. Eine der schwierigsten Torhütertechniken ist der Hechtsprung vorwärts auf einen tief ankommenden Ball. Wenn ein flacher Schuss direkt auf dich zukommt, streckst du die Beine nach hinten und hechtest auf das Leder.

Abwurf und Abschlag

Du hast den Ball sicher gefangen – doch was nun? Jetzt musst du entscheiden, ob du den Ball mit dem Fuß oder der Hand an einen deiner Mitspieler weitergibst. Abwürfe sind zielgenauer, mit einem Abschlag (volley oder halbvolley mit dem Vollspann) dagegen kannst du den Ball weit in die gegnerische Hälfte schlagen. Es gibt drei Arten von Abwürfen: Rollst du den Ball, kannst du ihn genau platzieren. Beim Schlagwurf geht er weit nach vorn und mit dem Schleuderwurf mit gebeugtem Arm lässt sich der Ball am schnellsten wieder ins Spiel bringen.

▶ Der französische Torhüter Fabien Barthez rollt den Ball zu einem Mitspieler. Der vordere Fuß zeigt in Ballrichtung. Der Arm schwingt anschließend weich durch.

◀ Barthez wirft den Ball vor sich in die Luft und schießt ihn dann volley mit dem Vollspann. Wenn man das Leder hart genug erwischt und entsprechend hoch schlägt, segelt es bis in die gegnerische Hälfte.

▲ Beim Schlagwurf sollte der Arm durchgestreckt bleiben. Ein breiter Stand sorgt dafür, dass man nicht das Gleichgewicht verliert.

Die Rückpassregel

Die Rückpassregel soll absichtliche Spielverzögerungen verhindern. Sie besagt, dass der Torwart einen Einwurf bzw. einen absichtlichen Rückpass von einem Mitspieler nicht mit der Hand nehmen darf. Verstößt er gegen diese Regel, wird dem Gegner ein indirekter Freistoß zugesprochen. Wenn ein Rückpass kommt, solltest du nicht deine Dribbelkünste unter Beweis stellen. Schlag ihn lieber ohne Umschweife sauber weg. Wenn du genug Zeit und Platz hast, kannst du ihn auch erst kontrolliert annehmen, ihn dir vorlegen und dann wieder nach vorn spielen.

▲ Der legendäre dänische Torwart Peter Schmeichel bei einem seiner mächtigen Abstöße. Er schießt den Ball mit dem Vollspann und hält mit den Armen das Gleichgewicht.

41

Positionen

Sturm 1

Der Angriff ist nicht nur Sache der Stürmer. Konterattacken werden oft von Verteidigern ausgelöst und von Mittelfeldspielern weitergetragen; häufig schlagen die Flügelspieler wichtige Querpässe vors Tor. Jeder Feldspieler sollte daher die Schlüsseltechniken für den Angriff erlernen.

Überzahl und Steilpässe

Angriffszüge, die die ganze Breite und Tiefe des Spielfelds nutzen, reißen die gegnerische Abwehr auseinander und führen zu Torchancen. Die Spieler verteilen sich dazu über den ganzen Platz. So kann der ballführende Spieler z. B. einen sicheren Rückpass schlagen; die gegnerische Abwehr wird daran gehindert zu decken oder eine Abseitsfalle zu stellen. Schickt man Flügelspieler auf den Außenbahnen mit Steilpässen weit nach vorn, können sie den Ball vor das Tor hereinflanken. Man sollte versuchen, so oft wie möglich Überzahl herzustellen. Überzahl bedeutet: Im vorderen Spielfelddrittel befinden sich mehr Angreifer als Verteidiger. Zu diesem Zweck müssen die Spieler allerdings viel laufen und sich ausreichend miteinander verständigen.

Siehe auch

20–23 Pässe 1 und 2

24–25 Bewegung und Raum

26–27 Ballfertigkeiten

▲ Kurz bevor der ballführende Spieler auf den Verteidiger trifft, gibt er den Ball ab.

▲ Der Flügelspieler spurtet an seinem Widersacher vorbei ohne Ball nach vorn.

▲ Er nimmt den Ball an, den ihm der Mitspieler vorlegt. Nun hat er genug Zeit und Raum, eine Flanke oder einen Pass in die Mitte zu schlagen.

▲ Der Pass auf den Spieler ganz links außen, der erst spät losläuft, hat zwei Vorteile: Der Spieler gerät nicht ins Abseits und er schaltet sich erst in letzter Sekunde in den Angriff ein.

»Man sollte immer schönen Fußball zeigen und auf Angriff spielen. Fußball muss eine Augenweide sein.«
Johan Cruyff

PROFI-TIPPS

Unterstütze einen stürmenden Mitspieler, der in Ballbesitz ist, indem du dich für ein Zuspiel anbietest.

Versuche möglichst gezielte Flanken zu schlagen.

Wenn ihr im Training Angriffsspielzüge übt, teilt ihr euch am besten in Verteidiger und Angreifer auf.

Räume schaffen

Meistens läuft sich ein Angreifer frei, um unbedrängt einen Pass annehmen zu können. Manchmal tut er dies aber auch, um Raum für seine Mitspieler zu schaffen: Ohne Ball ändert er schnell die Richtung oder das Lauftempo, um seinen Bewacher wegzulocken. Lässt der sich darauf ein und deckt weiter seinen Gegner, entstehen Räume, die andere Mitspieler besetzen können.

▲ Der gelbe Spieler links läuft auf einen Abwehrspieler zu und dann gleich wieder von ihm weg. Der Abwehrspieler muss sich entscheiden: Soll er dem Angreifer folgen oder ihn ziehen lassen und den Raum halten?

▶ Die meisten Flanken müssen aus dem Lauf heraus ausgeführt werden. Beim Üben läufst du daher immer erst ein paar Meter mit dem Ball, bevor du ihn in den Strafraum schlägst.

▲ Corentin Martins (bis 2000 bei Bordeaux) schickt sich an, eine Flanke in den Strafraum zu schlagen. Eine mit dem Vollspann geschlagene Flanke hat mehr Tempo.

Flanken

Eine Flanke ist ein Pass, der von weit außen vor das Tor geschlagen wird; eine gezielt ausgeführte Flanke führt oft direkt zu einem Tor. Meistens tritt man eine Flanke mit dem Vollspann, um den Ball mit hohem Tempo in den gewünschten Bereich zu befördern. Flanken, die ohne Ziel einfach in den Strafraum hineingedroschen werden, sind leicht abzuwehren. Suche dir daher erst ein Ziel. Nach Möglichkeit sollte der Ball auf dem Kopf oder vor den Füßen eines Mitspielers landen, damit der ihn schnell aufs Tor schießen kann. Sehr wirkungsvoll sind auch Flanken vom Spielfeldende längs der Torlinie: Sie bereiten dem Torhüter große Schwierigkeiten, weil sie sich nicht auf in zu, sondern eher von ihm weg bewegen.

Gianfranco Zola

Der Italiener Zola hat zwar selbst viele Treffer erzielt, seine größte Stärke ist es jedoch, den Ball sicher und gezielt auf frei stehende Mitspieler zu passen.

43

Sturm 2

Viele Angriffe scheitern, weil sie zu langsam oder unentschlossen durchgeführt werden. Mit Abwehrtechniken wie der Abseitsfalle sind solche Angriffe leicht abzufangen. Ein schneller und entschlossener Angriff kann dagegen selbst die hartnäckigste Abwehr aufknacken.

Offensivpässe und Pässe hinter die Abwehr

Je näher man auf das gegnerische Tor vorrückt, umso weniger Raum und Zeit hat man. Ein guter Offensivpass muss so kommen, dass der Empfänger ihn unmittelbar verwerten kann. Passt man in den Lauf eines Stürmers, darf nicht zu hart getreten werden, damit der Ball nicht zu weit geht. Ein Pass hinter die gegnerische Abwehr schaltet die entsprechenden Verteidiger komplett aus. Auch solch ein Pass muss jedoch genau getimt und dosiert sein und die Spieler müssen einander blind vertrauen können.

▶ Der Angreifer hat vorgetäuscht, dass er den Ball hinter die Verteidigung passen wird. Als die Gegner die Abseitsfalle zuschnappen lassen wollen, durchbricht der Stürmer die Abwehr.

▲ Der ukrainische Fußballstar Andriy Shevchenko (AC Milan) spielt vorausschauend und technisch perfekt. Er gilt als einer der besten Stürmer der italienischen Serie A, der wohl abwehrstärksten Liga der Welt.

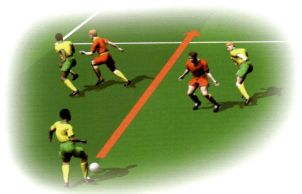

▲ Der linke Angreifer lockt einen Verteidiger weg, damit der andere ungehindert schießen kann. Der Angreifer rechts, im Moment der Ballabgabe noch nicht abseits, nimmt den Ball hinter der Abwehr an.

Der Ball mit Schnitt

Vor allem bei Freistößen, aber auch bei offensiven Spielzügen hilft es oft, wenn man den Ball anschneidet – daher lohnt es sich, diese Technik zu üben. Mit nach innen oder außen gezirkelten Pässen und Torschüssen kann man den Ball ausgezeichnet in einem Bogen um den Gegner herum zu einem Mitspieler in aussichtsreicher Position oder sogar direkt ins Netz befördern. Zum Anschneiden stößt du den Ball so, dass dein Schuh unten an der Außenseite des Leders entlangschleift und ihn so in Drehung versetzt (siehe auch S. 56–57).

Siehe auch

12–13 Fußballregeln

30–31 Schusstechniken

42–43 Sturm 1

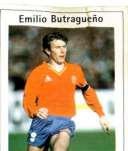

Tore erzielen

Nicht jeder Angriff führt auch zum Tor. Bei einem guten Angriff nutzt jeder Spieler, der den Ball in einer guten Position erhält, seine Chance. Außerdem müssen die anderen Stürmer einem Kopfball oder Torschuss hinterhergehen, denn viele Tore entstehen aus Bällen, die von anderen Spielern oder vom Tor zurückprallen. Ein Stürmer muss in Sekundenbruchteilen entscheiden, ob er selbst oder einer seiner Mitspieler in der besten Torschussposition ist, und dann blitzschnell handeln.

▲ *Der ballführende Spieler kann den Ball mit einer Bananenflanke zu dem Mitspieler rechts außen zirkeln oder ihn mit einem kurzen Pass auf den anderen freistehenden Teamkollegen abgeben.*

Emilio Butragueño

Sein schnelles Reaktionsvermögen und sein Raumgefühl brachten dem Spanier Butragueño, der mit Real Madrid fünfmal in Folge Meister wurde, den Spitznamen »Geier« ein.

▲ *Der Spieler im Strafraum schickt sich an, aufs Tor zu schießen. Im letzten Moment passt er jedoch den Ball zu einem Mitspieler, der besser steht und sicherer verwandeln kann.*

▼ *Der Stürmer in der Mitte passt den Ball am ausgestreckten Fuß des Gegners vorbei in den Lauf seines Sturmpartners.*

PROFI-TIPPS

Durch schnelle Kurzpässe kann man Löcher in die gegnerische Abwehr reißen.

Gehe vor dem Tor allen Bällen hinterher, um Abpraller noch zu verwerten.

Riskiere im Strafraum einfach mal einen Torschuss, wenn sich dir keine Abspielmöglichkeit bietet.

Abwehr 1

»Mit Stürmern gewinnt man Spiele, mit Verteidigern Meisterschaften.«
John Gregory

Wenn der Gegner den Ball hat, ist die Abwehr an der Reihe. Ein Tor, das durch eine wachsame und erfahrene Abwehr verhindert wird, ist mindestens so viel wert wie jeder noch so tolle Treffer der eigenen Mannschaft. Geschickte Verteidiger sind bei allen Vereinen heiß begehrt.

PROFI-TIPPS

Versucht die Räume eng zu machen und den Gegner beim Angriff zu stören.

Bremse deinen Gegner aus, indem du dich ihm in den Weg stellst.

Dribble nie im eigenen Strafraum, wenn Gegner in der Nähe sind. Passe den Ball lieber zu einem Kollegen.

Den Ball zurückerobern

Die Abwehr muss dafür sorgen, dass die eigene Mannschaft wieder in Ballbesitz kommt. Um den Ball zurückzuerobern, setzt man häufig das Tackling ein. Aber es gibt auch andere Techniken: Man kann sich dem Gegner z.B. in den Weg stellen, ihn ausbremsen und zu Fehlern verleiten. Eine andere Maßnahme ist es, die Räume eng zu machen. Das heißt, ihr orientiert euch zu eurem Tor hin und macht dort alle freien Räume dicht, die der Gegner nutzen könnte. Außerdem hängt ihr euch an Angreifer, die versuchen, sich eine gute Position zu erlaufen.

▲ *Der Angreifer von Arsenal London springt über das ausgestreckte Bein seines Gegenspielers. Das Tackling ist eine wichtige Abwehrtechnik.*

Den Weg versperren

Ein gutes Mittel für den Verteidiger ist es, sich dem ballführenden Angreifer in den Weg zu stellen. Wenn der Gegner mit dem Ball näher kommt, bewegst du dich auf ihn zu. Gehe nicht zu nahe an ihn heran, weil er dich sonst leicht umspielen kann. Bleib aber auch nicht zu weit von ihm weg, sondern besetze den Raum vor ihm, den er zur Entfaltung seines Spiels braucht. Gehe in Abwehrhaltung und mache alle seine Bewegungen mit. Halte immer den gleichen Abstand zu ihm und stelle dich zwischen ihn und das Tor. Dadurch, dass du den Angreifer am Vorwärtskommen hinderst, verschaffst du deinen Mitspielern wertvolle Zeit, in der sie günstigere Abwehrpositionen einnehmen können.

Siehe auch
28–29 Das Tackling
48–49 Abwehr 2
62–63 Spielsysteme

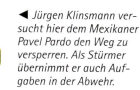

◀ *Jürgen Klinsmann versucht hier dem Mexikaner Pavel Pardo den Weg zu versperren. Als Stürmer übernimmt er auch Aufgaben in der Abwehr.*

Den Gegner in eine schlechtere Position abdrängen

Wenn man sich einem Angreifer in den Weg stellt, kann man ihn auch in eine schlechtere Position abdrängen, z. B. nach außen zur Seitenlinie. Dort hat er kaum Platz für sein Spiel und weniger Abspielmöglichkeiten und du kannst ihn auch leichter angreifen.

▲ Einige Bayern-Spieler machen Druck auf Jose María Gutiérrez Hernández (»Guti«, Real Madrid) und zwingen ihn so zu einem Fehler – kurz darauf verliert er den Ball.

Mit dem Rücken zum Tor

Wenn dein Gegner in dem Moment, in dem er den Ball annimmt, mit dem Rücken zu eurem Tor steht, musst du nur dafür sorgen, dass er sich nicht umdrehen kann. Pass aber auf, dass du kein Foul begehst! Wenn du es richtig anstellst, kannst du ihn zu einem Fehler oder wenigstens zu einem Rückpass bringen, der den Ball aus der Gefahrenzone befördert. Bleibe dicht an dem Angreifer dran, wenn er versucht, sich umzudrehen und in den freien Raum hinter dir zu laufen.

▲ George Ndah (Wolverhampton) drängt Mark Patterson (Gillingham) vom Tor ab.

◀ Der Albaner Geri Cepi bekommt Michael Owens mächtigen Schuss mit voller Wucht ab.

Bobby Moore

Der Innenverteidiger Moore verstand sich aufs Tackling und hatte immer die Übersicht über das Spiel. Pelé sagte, er sei der beste Verteidiger, gegen den er je gespielt habe.

Bloß weg damit!

Großartige Abwehrspieler wie Franz Beckenbauer oder Bobby Moore verstanden es, den Ball erst geschickt aus der Defensive heraus nach vorn zu führen und ihn dann mit einem genauen Pass auf einen Mitspieler abzugeben; so lösten sie einen Angriff aus. Doch auch der beste Verteidiger geht, wenn er sehr bedrängt wird, auf Nummer sicher. Entweder gibt er den Ball mit einem Pass in den Raum ab oder er schlägt ihn weit und hoch weg, um ihn aus der Gefahrenzone vor dem eigenen Tor zu schaffen.

▲ Der Verteidiger (blaues Trikot) wird bedrängt und klärt lieber.

47

Positionen

▼ *Der französische Abwehrspieler Marcel Desailly klärt, als er von dem Australier Mark Viduka bedrängt wird.*

Abwehr 2

Am besten funktioniert die Abwehr, wenn die Mannschaft diese Aufgabe geschlossen als Einheit angeht. Für die Abwehrarbeit sollten sich daher nicht nur die Abwehrspieler und der Torwart, sondern alle elf Teammitglieder verantwortlich fühlen. Zwar übernimmt dabei jeder je nach Position eine andere Aufgabe, doch viele Regeln gelten für alle.

Bereits vorn mit der Abwehr beginnen

Eine intelligente Abwehr setzt schon ganz vorn bei den Stürmern ein. Indem sie versuchen, die Räume für die Gegner eng zu machen, ihre Pässe zu stören und sie zu Fehlern zu verleiten, stellen sie die erste Verteidigungslinie dar. Mit einer guten Abwehrarbeit können Stürmer einen ballführenden Gegenspieler ordentlich unter Druck setzen. Das kann dazu führen, dass er den Ball planlos nach vorn schlägt, wo ihn die Gegner an sich bringen können. Oft fangen die Stürmer den Ball aber auch direkt ab und greifen sofort wieder an.

Siehe auch

14–15 Fouls und verbotenes Spiel

28–29 Das Tackling

32–33 Der Kopfstoß

PROFI-TIPPS

Versuche nur einen Pass abzufangen oder den Gegner anzugreifen, wenn du nach hinten abgesichert bist.

Besonders bei Standardsituationen wie Eck- oder Freistoß ist Verständigung das A und O der Abwehr.

Konzentriere dich beim Decken auf deinen Gegner und erst in zweiter Linie auf das Spiel.

Pässe abfangen

In Ballbesitz kommt man auch, indem man den Ball zwischen Passgeber und Angespieltem abfängt. Vorteil: Man steht dann frei und kann sofort einen Angriff einleiten. Um einen Ball abzufangen, musst du schnell handeln, genau wissen, wo die anderen Spieler stehen, und den Lauf des Balls exakt einschätzen. Überlege dir gut, ob du den Ball wirklich eher erreichen kannst als der Gegner. Gelingt es dir nicht, bleibt nicht nur der Gegner in Ballbesitz, sondern du hast auch noch deine Position verlassen und bist abgemeldet.

▲ *Der Mittelfeldspieler im blauen Trikot hat gemerkt, dass der Gegner den Ball nicht hart genug geschossen hat, und fängt den Pass ab.*

◄ *Raumdeckung: Sobald ein Stürmer in einen der Räume eindringt, der jeweils einem Verteidiger zugewiesen ist (gelbe gestrichelte Linien), nimmt dieser den Angreifer in Manndeckung. Im angrenzenden Raum übernimmt ihn der nächste Spieler.*

▶ Wendet ihr im hinteren Drittel die Manndeckung an, müsst ihr zusätzliche Spieler abstellen, die als Verteidiger einspringen und den ballführenden Angreifer unter Druck setzen.

Paolo Maldini

Maldini erkennt Gefahrensituationen sofort. Er hat als Libero, Außenverteidiger und Innenverteidiger für den AC Mailand und die italienische Nationalelf gespielt.

▼ Einen Stürmer decken heißt, nahe an ihn heranzugehen und ihn an der Ballannahme zu hindern. Versuche dabei immer zwischen dem Gegner und dem eigenen Tor zu bleiben.

»Der Torwart ist eine Art Kronjuwel, zu dem der Gegner eigentlich nicht vordringen darf. Das Schlimmste, was eine Mannschaft tun kann, ist es, zuzulassen, dass der Torwart ständig Arbeit hat.«

George Graham

Abwehrsysteme

Es gibt bei der Abwehr zwei Strategien. Bei der Manndeckung bewacht jeder Spieler einen Gegenspieler. Bei der Raumdeckung verteidigt jeder Spieler einen bestimmten Spielfeldbereich. Diese Bereiche verschieben sich im Spielverlauf. Meistens arbeitet man mit einer Mischung aus Raum- und Manndeckung: Man spielt z. B. grundsätzlich auf Raumdeckung, ein Verteidiger hat aber gleichzeitig die Aufgabe, einen besonders gefährlichen gegnerischen Stürmer in enge Manndeckung zu nehmen.

▼ Václav Budka (hier noch bei FK Jablonec) hat neben dem Torpfosten Stellung bezogen, um einen Eckball abzuwehren und notfalls auf der Torlinie zu klären.

▼ Bei Eckstößen und anderen Standardsituationen muss man den Gegner gut decken. Die Verteidiger (blau) kümmern sich vor dem Tor um die großen Angreifer; Kollegen stehen neben den Torpfosten und an der Strafraumgrenze.

49

Spielfortsetzung

Das Spiel wird nach einem Tor oder einem Foul unterbrochen, aber auch, wenn der Ball ins Aus geht. Die Art der Spielfortsetzung hängt davon ab, wie und wo die Unterbrechung zustande kam. Hat der Ball z. B. die Seitenlinie überquert, zeigen die Schiedsrichter Einwurf an. Außerdem gibt es Eckstoß, Abstoß, Freistoß, Anstoß und den Schiedsrichterball.

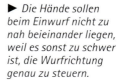

▲ Hier sehen wir den Anstoß, mit dem 1996 eine Champions-League-Begegnung zwischen Atletico Madrid und Borussia Dortmund eröffnet wurde. Der ausführende Spieler darf den Ball erst wieder spielen, wenn ein anderer ihn berührt hat.

Der Anstoß

Einen Anstoß gibt es zu Spielbeginn, nach einem Tor und zu Beginn der zweiten Halbzeit. Dabei muss der Ball von einem Spieler der anstoßenden Mannschaft vorwärts über die Mittellinie bewegt werden. Bis das Leder im Spiel ist, müssen sich alle Gegenspieler in ihrer eigenen Hälfte aufhalten und mindestens 9,15 m vom Ball entfernt sein. Manchmal spielt eine Mannschaft den Ball gleich zurück in die eigene Hälfte. Oder ein Spieler flankt den Ball außen weit nach vorn und baut darauf, dass dort einer den Ball erwischt und sofort auf das Tor zustürmt.

◀ Lege die Hände so an den Ball, dass sich die Daumen fast berühren. So kann sich der Ball schnell von deinen Händen lösen und kommt zielgenau an.

▶ Die Hände sollen beim Einwurf nicht zu nah beieinander liegen, weil es sonst zu schwer ist, die Wurfrichtung genau zu steuern.

◀ Nimm den Ball hinter den Kopf. Biege dann den Rücken nach hinten durch und lass anschließend Oberkörper und Arme vorschnellen. Lass den Ball los, kurz bevor die Arme auf Kopfhöhe sind.

▲ Hier liegt aus drei Gründen ein falscher Einwurf vor: Im Moment des Einwurfs befindet sich der vordere Fuß ganz vor der Seitenlinie, der hintere Fuß ist in der Luft und der Spieler hat nur eine Hand am Ball.

Der Einwurf

Auf Einwurf wird entschieden, wenn der Ball in der Luft oder am Boden vollständig über die Seitenlinie gegangen ist. Er muss an genau dieser Stelle ausgeführt werden. Spieler, die versuchen, ein paar Meter Boden gutzumachen, bevor sie einwerfen, werden üblicherweise vom Schiedsrichter dafür bestraft. Wird der Einwurf nicht korrekt durchgeführt, spricht man von einem »falschen Einwurf« – dann erhält der Gegner das Recht einzuwerfen. Falsche Einwürfe kommen bei Spielern aller Leistungs- und Altersklassen vor. Bei einem korrekten Einwurf stehst du mit beiden Füßen auf oder hinter der Seitenlinie und wirfst den Ball beidhändig von hinten über den Kopf ins Feld.

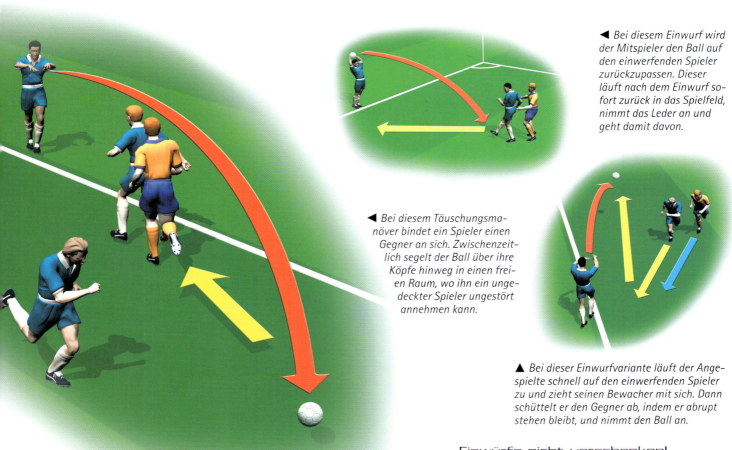

◀ Bei diesem Einwurf wird der Mitspieler den Ball auf den einwerfenden Spieler zurückzupassen. Dieser läuft nach dem Einwurf sofort zurück in das Spielfeld, nimmt das Leder an und geht damit davon.

◀ Bei diesem Täuschungsmanöver bindet ein Spieler einen Gegner an sich. Zwischenzeitlich segelt der Ball über ihre Köpfe hinweg in einen freien Raum, wo ihn ein ungedeckter Spieler ungestört annehmen kann.

▲ Bei dieser Einwurfvariante läuft der Angespielte schnell auf den einwerfenden Spieler zu und zieht seinen Bewacher mit sich. Dann schüttelt er den Gegner ab, indem er abrupt stehen bleibt, und nimmt den Ball an.

Weite Einwürfe

Bei einem weiten Einwurf fliegt der Ball bis in den gegnerischen Strafraum. Auch wenn du nicht ganz so weit werfen kannst, sollten deine Einwürfe möglichst weit gehen, denn mit der Entfernung steigt die Zahl der Mitspieler, die den Ball annehmen und ihn schnell aus der eigenen Hälfte bringen können. Nimm ein paar Schritte Anlauf und bleib dann kurz vor der Seitenlinie mit beiden Füßen auf dem Boden stehen. Bringe den Ball mit beiden Armen über dem Kopf nach hinten und biege den Oberkörper so weit wie möglich nach hinten zurück. Lass dann Oberkörper und Arme vorschnellen, sodass der Ball mit Wucht nach vorn geschleudert wird. Verlagere dabei das Gewicht auf das vordere Bein und schwinge mit Händen und Fingern durch, um dem Ball seine Richtung zu geben.

Einwürfe nicht verschenken!

Übe verschiedene Einwurfvarianten, damit du den Ball nicht durch einen falschen oder einen halbherzigen Einwurf, der leicht abzufangen ist, an den Gegner verschenkst. Versuche auf einen Mitspieler zu werfen, der ungedeckt so steht, dass er den Ball leicht annehmen kann. Der Ball sollte vor den Füßen, in Höhe der Oberschenkel oder in Kopfhöhe deines Mannschaftskameraden ankommen, damit dieser ihn schnell auf einen anderen Teamkollegen abspielen kann. Ein Ball, der vor einem Spieler aufsetzt, hochspringt und ihn in Hüfthöhe erreicht, ist schwer anzunehmen.

◀ Dave Challinor, bis 2002 beim englischen Club Tranmere Rovers aktiv, hält mit 46,34 Metern den Einwurf-Weltrekord. Laut Challinor gelang ihm dieser Wurf »nach 29 schauderhaften Fehlversuchen«.

PROFI-TIPPS

Übt im Training verschiedene Einwurfvarianten.

Versuche deinen Bewacher abzuschütteln und dich für die Ballannahme freizulaufen.

Rechne immer mit einem schnellen Einwurf und nutze die Chancen, die dieser bietet.

Übt im Training verschiedene Anstoßvarianten.

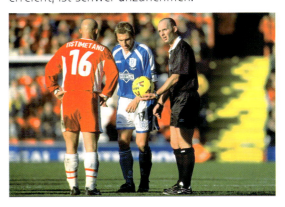

▲ Ein Schiedsrichterball wird nach einer Spielunterbrechung gegeben, die keine Mannschaft zu verantworten hat. Der Schiedsrichter gibt den Ball frei, indem er ihn zwischen zwei gegnerischen Spielern zu Boden fallen lässt.

Der Eckstoß

Wenn der Ball die Torlinie einer Mannschaft überquert und zuletzt von einem Spieler dieser Mannschaft berührt wurde, verhängt der Schiedsrichter einen Eckstoß.

Vorteile des Eckstoßes

Eckbälle ähneln Querpässen, die im laufenden Spiel geschlagen werden. Ein Eckball bietet jedoch entscheidende Vorteile. Vor allem liegt der Ball und du kannst bestimmen, wann du ihn treten willst. Darüber hinaus müssen die Gegenspieler einen Abstand von mindestens 9,15 m zum Ball einhalten, im Strafraum dürfen sich beliebig viele Mitspieler als Anspielstationen aufhalten und die Abseitsregel findet keine Anwendung. Allerdings hat ein Eckstoß auch einen Nachteil: Deine Mitspieler werden von den Gegenspielern eng gedeckt.

◀ Jede Mannschaft trainiert verschiedene Eckballvarianten. Hier zeigt der Spieler seinen Mannschaftskameraden an, welche Art von Ecke er gleich hereingeben wird.

Die hohe Kunst des Eckstoßes

Ein guter Eckstoß zeichnet sich durch Tempo und Genauigkeit aus. Er sollte etwas über Kopfhöhe im Zielbereich ankommen. Langsame, hohe Eckbälle können die Gegenspieler leicht klären. Beim Eckstoß stehst du fest auf dem Standbein und trittst den Ball in der Mitte oder etwas unterhalb davon. Das Spielbein schwingt zur anderen Körperseite durch, während sich der Körper zur Flugbahn hin eindreht.

Luis Figo

Der portugiesische Stürmer Luis Figo ist berühmt-berüchtigt für seine genau platzierten, wuchtigen Eckbälle. Real Madrid kaufte ihn im Jahr 2000 ein.

▲ Bei einem Eckball aus der linken Ecke legst du als Rechtsfüßer den Ball auf diese Stelle.

Weit hineingeben

Die meisten Eckbälle werden als lange Ecken ausgeführt. Man schießt so kräftig, dass der Ball bis zum Torraum oder noch weiter an den Kasten heran fliegt. Nach innen geflankte Ecken fliegen in Richtung Tor, während sich nach außen geflankte Eckstöße vom Tor weg bewegen.

◀ Auf diesen Punkt legst du den Ball, wenn du Linksfüßer bist. Wenn man den Ball aus dieser Position heraus tritt, wird die anschließende Flanke vom Tor weggehen.

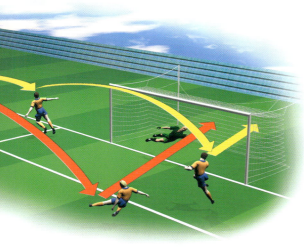

▶ Schießt man eine »Bananenflanke« hart genug und ist ihre Flugbahn entsprechend stark gekrümmt, schlägt der Ball oft direkt ins Netz ein.

◀ Bei einer auf den kurzen Torpfosten hereingegebenen Ecke (gelber Pfeil) kann ein Mitspieler den Ball mit einem Rückwärtskopfstoß abspielen. Eckbälle auf den langen Pfosten (roter Pfeil) können am Torhüter vorbei versenkt werden.

Tempo und Präzision

Bei einer hart getretenen Ecke haben die Gegenspieler mehr Mühe, den Ball zu klären, und schießen schnell ein Eigentor. Deine Mitspieler müssen sich nicht mit einem mächtigen Kopfstoß oder Schuss ins Zeug legen – eine leichte Berührung mit der Stirn oder dem Fuß reicht meist aus, um den Ball umzulenken und ihn über die Torlinie zu befördern.

▼▲ David Beckhams Eckbälle führten häufig zu Torerfolgen für Manchester United. Oben: Ole Gunnar Solskjaer verwandelt 1999 im Champions-League-Finale gegen Bayern München einen dieser Eckstöße zu einem Tor.

PROFI-TIPPS

Gib den Ball etwas über Kopfhöhe herein.

Tritt den Ball so kräftig, dass er bis in den Torraum segelt.

Achte darauf, dass du ganz fest auf deinem Standbein stehst.

Überrasche den Gegner gelegentlich mit einer kurzen Ecke.

Kurze Ecken

Ein rasch ausgeführter Eckball auf einen Mitspieler in der Nähe bietet den Vorteil, dass die Flanke aus einem anderen – unerwarteten – Winkel auf das Tor hereinkommt. Kurze Ecken überraschen den Gegner, sodass eigene Mitspieler im Strafraum nicht gedeckt sind und frei stehen.

Freistöße 1

Bei einem Regelverstoß kann der Schiedsrichter einen Freistoß gegen die Mannschaft des Missetäters verhängen. Der Ball liegt dann dort, wo der Regelverstoß stattgefunden hat. Alle gegnerischen Spieler müssen mindestens 9,15 Meter vom Ball entfernt sein. Nicht jeder Freistoß führt zum Angriff; er bringt aber in jedem Fall Zeit- und Raumgewinn für die ausführende Mannschaft.

▲ Wenn der angreifenden Mannschaft ein indirekter Freistoß im gegnerischen Strafraum zugesprochen worden ist, dürfen die Verteidiger auf der Torlinie stehen, selbst wenn ihr Abstand zum Ball dann weniger als 9,15 m beträgt.

▲ Schnell ausgeführt, kann jeder Freistoß von der Mitte des Platzes aus die Räume weit machen und Torchancen eröffnen. Raúl von Real Madrid schaut sich hier blitzschnell um, bevor er den Ball tritt.

◄ Die Brasilianerin Sissi ist für ihre gefährlichen Freistöße bekannt.

◄ Schiedsrichter Graham Barber zeigt einen indirekten Freistoß an. Er muss den Arm so halten, bis der Stoß ausgeführt und der Ball vom nächsten Spieler berührt wurde oder ins Aus gegangen ist.

Von Abwehr auf Angriff umschalten

Ein schnell ausgeführter Freistoß kann Angriffsmöglichkeiten eröffnen – vorausgesetzt, sowohl der ausführende Spieler als auch der Empfänger sind hellwach, der Schuss sitzt und kein gegnerischer Spieler kann ihn abfangen. Wenn du weit hinten in der Nähe deines Tors einen Freistoß bekommst, versuchst du, den Ball aus der Gefahrenzone nach vorn zu schlagen. Achte darauf, dass du den Freistoß nicht schlampig ausführst oder einen Teamkollegen anspielst, der gerade nicht damit rechnet.

Siehe auch

22–23 Pässe 2
24–25 Bewegung und Raum
56–57 Freistöße 2

Anstoß & Co.

Indirekter Freistoß

Beim indirekten Freistoß muss der Ball erst von einem weiteren Mitspieler berührt worden sein, bevor er auf das Tor geschossen werden darf. Den indirekten Freistoß verhängt der Schiedsrichter bei leichteren Vergehen, z. B. für das Angreifen oder Behindern eines Spielers, der nicht in Ballbesitz ist, oder für das Annehmen des Balles in Abseitsstellung. Der Torhüter verursacht einen indirekten Freistoß, wenn er den Ball länger als sechs Sekunden hält, ihn mit der Hand berührt, nachdem er ihn schon freigegeben hat, oder einen Rückpass mit der Hand annimmt.

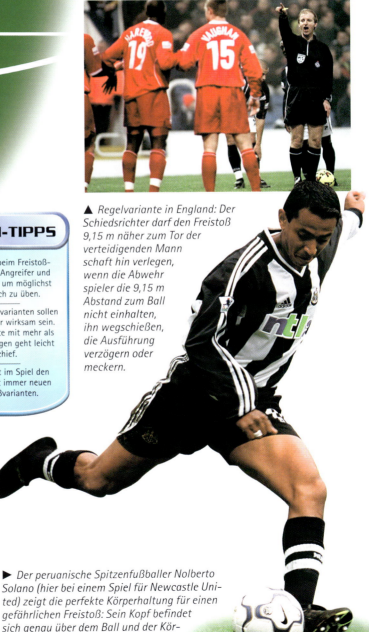

▲ *Die gelben Pfeile zeigen die Varianten, die bei diesem direkten Freistoß denkbar sind: Man kann den Ball seitlich an der Mauer vorbeischlenzen, ihn darüber heben oder ihn zu einem Mitspieler passen, der dann aufs Tor schießt.*

PROFI-TIPPS

Teilt euch beim Freistoßtraining in Angreifer und Verteidiger, um möglichst realistisch zu üben.

Eure Freistoßvarianten sollen einfach, aber wirksam sein. Eine Variante mit mehr als drei Spielzügen geht leicht schief.

Überrascht im Spiel den Gegner mit immer neuen Freistoßvarianten.

▲ *Regelvariante in England: Der Schiedsrichter darf den Freistoß 9,15 m näher zum Tor der verteidigenden Mannschaft hin verlegen, wenn die Abwehrspieler die 9,15 m Abstand zum Ball nicht einhalten, ihn wegschießen, die Ausführung verzögern oder meckern.*

▶ *Der peruanische Spitzenfußballer Nolberto Solano (hier bei einem Spiel für Newcastle United) zeigt die perfekte Körperhaltung für einen gefährlichen Freistoß: Sein Kopf befindet sich genau über dem Ball und der Körper ist vollkommen im Gleichgewicht.*

Direkter Freistoß

Bei schwereren Vergehen – wenn z. B. ein Spieler einen Gegner stößt oder wenn ein Torhüter den Ball außerhalb des Strafraums mit der Hand berührt – wird der gegnerischen Mannschaft ein direkter Freistoß zugesprochen. Der Ball darf direkt auf das Tor geschossen werden (muss es aber nicht). Direkte Freistöße aus zentraler Position im vorderen Spielfelddrittel bieten viele Möglichkeiten und sind für die verteidigende Mannschaft selbst mit einer Mauer nur schwer abzuwehren. Alle Mannschaften üben die verschiedensten Freistoßvarianten, um den Freistoß in ein Tor zu verwandeln.

▲ Auf gute Verständigung kommt es bei der Abwehrmauer immer an; hier Chapuisat, Möller, Reuter und Sousa von Borussia Dortmund (Saison 1997/98).

▲ Wird der Freistoß in der Mitte und in Tornähe gegeben, bildet man eine breite Abwehrmauer aus fünf oder sechs Spielern.

Freistöße 2

Bei einem Freistoß kann man schießen, ohne angegriffen zu werden – die Gegner müssen ja ihren Abstand einhalten. Aus einer Freistoßsituation fällt oft ein Tor. Daher muss die angreifende Mannschaft versuchen, die Chance zu nutzen. Beim Gegner ist dagegen höchste Wachsamkeit gefordert.

Abwehrverhalten bei Freistößen

Bei einem Freistoß gegen deine Mannschaft müsst ihr zunächst mit einem schnell ausgeführten Freistoß rechnen. Kommt er nicht, heißt es, geeignete Gegenmaßnahmen zu ergreifen: Spieler so in die mögliche Bahn des Balles zu stellen, dass der Gegner nicht ungehindert aufs Tor schießen kann. Kommt der Freistoß als Flanke nach vorn, bewachen die größeren Spieler die gegnerischen Kopfballspezialisten; die kleineren versuchen derweil, Angreifer abzufangen, die zum Strafraum sprinten.

Überraschen und Versteck spielen

Beim Freistoß hilft ein wenig List und Tücke. Täuschungsmanöver und Scheinaktionen stiften Verwirrung und verschleiern die geplante Freistoßvariante. Angreifer können auch eine Mauer vor der Abwehrmauer bilden, um den Ball zu verdecken. Oder sie schließen sich auf einer oder beiden Seiten an die Mauer an, um dem Torhüter den Blick zu versperren. Kurz vor dem Schuss springen sie dann zur Seite und schaffen Lücken, durch die der Ball aufs Tor zischen kann.

▲ Mit einem Innenseitstoß passt der ausführende Spieler den Ball seitlich zu einem Mitspieler, der ihn aufs Tor donnert.

Siehe auch

30–31 Schusstechniken
52–53 Der Eckstoß
54–55 Freistöße 1

Bälle anschneiden

Angeschnittene Bälle mit gebogener Flugbahn können bei einem Freistoß eine erstaunliche Wirkung haben. Das Anschneiden des Balles bedarf einiger Übung. Manche Spieler tun sich leichter, den Ball auf eine nach innen gekrümmte Flugbahn zu schicken, andere zirkeln ihn lieber nach außen. In beiden Fällen muss man den Ball weit unten erwischen und anschließend das Spielbein weich durchschwingen lassen.

▲ Beim Anschneiden nach innen (links) triffst du den Ball seitlich mit dem Innenspann. Beim Anschneiden nach außen (rechts) schießt du mit dem Außenspann.

▼ Von dieser Position aus kannst du den Ball angeschnitten nach innen flanken, ihn seitlich zur Mitte spielen oder auf dem Flügel nach vorn schlagen, wo ihn ein Mitspieler von außen hereingeben kann.

Weiter Freistoß

Mit einem schnell ausgeführten weiten Freistoß bringt man den Ball rasch wieder ins Spiel und kann Torhüter und Verteidigung kalt erwischen. Das gelang z. B. Dietmar Hamann in einem Qualifikationsspiel für die WM 2002, als er den Deutschen mit einem schnellen 32-m-Freistoß den Sieg über England sicherte. Einem weiten Pass auf den Flügel kann auch ein Querpass vor das Tor folgen, der in einem gefährlicheren Winkel hereinkommt. Oder man kann einen Freistoß schnell in die Mitte spielen, wo ihn ein spät losgelaufener Spieler annimmt und direkt aufs Tor schießt.

▶ Während der Spieler den Freistoß ausführt, lösen sich seine Mitspieler von der Abwehrmauer und verwirren den Gegner.

PROFI-TIPPS

Verständigt euch mit dem Torwart, wenn ihr eine Mauer bilden müsst.

Bedenke beim Freistoß, welche Vorteile ein schneller, raffinierter Freistoß bietet.

Übe das Anschneiden des Balles ausgiebig. Du brauchst es für Freistöße und Eckbälle ebenso wie für weite Schüsse und Flanken.

▲ Von der Schulmannschaft bis zu den großen Teams (hier die holländische Elf vor der EM 2000): Alle üben ihre Freistoßvarianten im Training.

Roberto Carlos

Der brasilianische Weltmeister Roberto Carlos überraschte 1997 in Le Tournoi mit einem angeschnittenen Freistoß, der aus über 25 m Entfernung ins französische Tor ging.

Strafstöße

Ein Strafstoß ist ein Freistoß, der von der Elfmetermarke aus direkt aufs Tor geschossen wird. Jeder Regelverstoß, der mit einem direkten Freistoß geahndet würde, zieht einen Elfmeter nach sich, sobald er im Strafraum begangen wird. Für den Schiedsrichter geht es dabei nicht darum, wo der gefoulte Spieler zu Boden geht, sondern wo der Regelverstoß begangen wurde.

▲ Vor einem Strafstoß dürfen sich nur der Schiedsrichter, der Torwart und der Elfmeterschütze im Strafraum aufhalten. Der Schiedsrichter kann auf Wiederholung des Strafstoßes entscheiden, wenn ein anderer Spieler den Strafraum betritt.

▲ Der Elfmeterschütze läuft an. Die meisten Schützen legen sich bereits vor dem Anlaufen fest, wie sie den Strafstoß ausführen werden.

▲ Dieser Spieler ist auf den Ball zugelaufen, als wolle er auf die rechte Seite schießen. Der Torwart legt sich auf diese Richtung fest.

▲ Der Elfmeterschütze dreht nun seinen Fuß leicht nach innen und schiebt das Leder flach in die andere Ecke des Kastens.

Reine Nervensache

Zico, Platini, Baggio: Sie und viele andere Fußballstars haben schon einen Elfmeter vergeben. Wie kann so etwas passieren? Die Antwort: Die nervliche Belastung ist zu groß. Zum Trost sei gesagt: Wenn du die Nerven behältst, ist die Aufgabe ziemlich einfach zu bewältigen. Bis zum Tor sind es nur elf Meter, und du musst nur den Torwart schlagen, der auf der Torlinie steht. Die Wahrscheinlichkeit, dass du den Ball verwandelst, ist viel höher als die, dass der Keeper ihn hält.

Platziert schießen, draufhauen oder heben?

Wenn es daran geht, einen Elfer zu treten, hat der Spieler die Qual der Wahl: wie schießen? Einige Spieler heben den Ball frech über den Torwart hinweg, der bereits sehr früh zur Seite gehechtet ist, mitten in den Kasten. Andere donnern den Ball so hart wie möglich aufs Tor oder zielen in eine der Ecken. Dazu gibt es noch die Möglichkeit, Tricks und Täuschungsmanöver in der Vorbereitungsphase und im Anlauf auszuprobieren. Für jeden Amateurkicker sollte ein platziert getretener Elfer jedoch die erste Wahl sein. Dabei wird der Ball wuchtig, aber kontrolliert mit dem Innenspann auf eine der Torecken geschossen.

Matt Le Tissier (bis 2002 bei Southampton) galt als Strafstoß-Wunder: Während seiner Laufbahn verwandelte er von insgesamt 49 Elfmetern sage und schreibe 48.

▲ *Im Elfmeterschießen des Champions-League-Endspiels 2001 konnten sowohl Oliver Kahn (Bayern München) als auch Santiago Canizares (Valencia) Strafstöße abwehren.*

Aus der Sicht des Torhüters

Wenn du als Torwart mit einem regulären Strafstoß oder einem Elfmeterschießen konfrontiert wirst, solltest du möglichst locker bleiben und die Ruhe bewahren. Alle rechnen damit, dass jetzt ein Tor fällt, und wenn du es trotzdem schaffst, den Ball abzuwehren, bist du der Held des Tages. Der Torhüter darf sich zwar vor dem Schuss auf seiner Linie hin- und herbewegen, nicht jedoch herauslaufen. Manche Torhüter legen sich wie viele Elfmeterschützen auf ihre Reaktion fest – Hechtsprung in eine Ecke oder aufrecht stehen bleiben. Andere versuchen herauszufinden, was der Elfmeterschütze vorhat.

▼ *So übst du Strafstöße: Stelle je ein Hütchen 1 m neben dem Pfosten auf die Torlinie und versuche dann, die Elfer zwischen Hütchen und Pfosten ins Tor zu schießen.*

PROFI-TIPPS

Lege dich frühzeitig fest, wie du den Strafstoß ausführst.

Halte beim Schuss den Kopf gesenkt und bewahre das Gleichgewicht.

Bleib nach der Ausführung reaktionsbereit, damit du den Ball noch mal aufs Tor schießen kannst. Auch die anderen Spieler laufen nach dem Schuss in den Strafraum, um anzugreifen bzw. zu verteidigen.

▲ *Eine Torhüterin wird zur Heldin: Die US-Torfrau Briana Scurry hält einen Elfer – damit gewannen die USA 1999 im WM-Endspiel das Elfmeterschießen gegen China knapp mit 5:4.*

▼ *José Luis Chilavert, Torhüter für Paraguay, ist als Elfmeterkiller bekannt. Er tritt auch selbst gern Frei- und Strafstöße.*

▲ *Der Italiener Roberto Baggio schoss im WM-Endspiel 1994 seinen Elfmeter über die Latte und überließ den Brasilianern die Trophäe. Bei der WM 1998 verwandelte er zwei Elfer.*

Elfmeterschießen

Bei vielen Wettbewerben mit K.-o.-System wird das Spielergebnis in einem Elfmeterschießen ermittelt, wenn es nach der Verlängerung immer noch unentschieden steht. Dann muss jede Mannschaft meist fünf Spieler bestimmen, die nacheinander aufs Tor schießen. Steht es nach zehn Strafstößen immer noch unentschieden, treten weitere Spieler an, bis der Sieger feststeht.

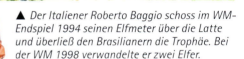

▲ *Bei der EM 1996 machte Stuart Pearce (England) einen bei der WM 1990 verschossenen Elfer wieder gut, indem er im Elfmeterschießen gegen Spanien seinen Strafstoß verwandelte.*

Taktik

»Du musst daran glauben, dass du der Beste bist, und dann dafür sorgen, dass das auch stimmt.«
Bill Shankly

▲ Vicente del Bosque (ganz rechts), der Cheftrainer von Real Madrid, steht vor der Auswechselbank und verfolgt gespannt das Spiel.

▶ Grenzenlose Begeisterung für das Spiel und die Fähigkeit, Spieler zu motivieren, machen einen erfolgreichen Trainer aus. Hier der legendäre Liverpooler Bill Shankly.

Trainer und Manager

Der Trainer hat entscheidenden Anteil am Erfolg eines Vereins. Er muss die Mannschaft formen, die Spieler für eine Partie auswählen, die Taktik festlegen. Bei manchen großen Vereinen sind zwei Personen dafür zuständig: der Sportdirektor oder Manager, der sich um den Verein kümmert und über den Ein- und Verkauf von Spielern entscheidet, und der Trainer, der mit den Spielern arbeitet. In anderen Clubs übernimmt der Cheftrainer all diese Aufgaben.

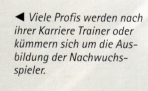

◀ Viele Profis werden nach ihrer Karriere Trainer oder kümmern sich um die Ausbildung der Nachwuchsspieler.

Der Trainer und sein Stab

Cheftrainer und Trainer großer Vereine können sich auf einen großen Mitarbeiterstab verlassen. Dem Cheftrainer geht meist ein Assistenztrainer zur Hand, der sich um den täglichen Trainingsbetrieb der ersten Mannschaft kümmert. Daneben gibt es Trainer für die Jugendmannschaft und die Reserve. So genannte Talentscouts sind im Land oder auch im Ausland auf der Suche nach begabten Nachwuchsfußballern. Auch Fitnesstrainer, ein Physiotherapeut und weiteres medizinisch geschultes Personal, Zeugwarte und Sportpsychologen arbeiten oft hinter den Kulissen.

▲ In manchen Ländern wirken Vereinstrainer auch bei der Nationalmannschaft mit, hier die Engländer Peter Taylor und Steve McClaren.

Unter Druck

Die Trainer vor allem von Spitzenmannschaften geraten oft gewaltig unter Druck. Der Ruf eines Trainers steht und fällt mit seiner Auswahl der Spieler, mit seinen Spielereinkäufen und -verkäufen, mit den taktischen Entscheidungen, die er für ein Match trifft. Und natürlich wird der Trainer an den Leistungen seiner Mannschaft gemessen. Ein enttäuschendes Ergebnis – ganz zu schweigen von einer Serie von Misserfolgen – führt oft schon dazu, dass der Trainer in der Kritik der Medien, der Fans und des Vereinsvorstandes steht. Früher blieben die Trainer viele Jahre lang bei ein und demselben Verein. Heute ist das anders. Weil es um wesentlich mehr Geld geht und der Druck, Titel zu gewinnen, enorm gestiegen ist, dreht sich das Personalkarussell für Trainer immer schneller. Heute noch fest im Sattel, kann ein Trainer schon morgen arbeitslos sein.

▲ *Ken Bates, der Präsident von Chelsea, feierte im Mai 2003 den Sieg, den seine Mannschaft in einer Premier-League-Begegnung über Liverpool erringen konnte.*

▲ *Großer Empfang für Zinedine Zidane, als er 2001 für die Rekordsumme von 75 Millionen Euro zu Real Madrid wechselt.*

◀ *Als der argentinische Nationaltrainer Cesar Luis Menotti Diego Maradona bei der WM 1978 nicht aufstellte, war diese Entscheidung umstritten. Das Team holte sich trotzdem den Titel.*

Die Aufgaben des Trainers

Ein Trainer muss heute vor allem ein absoluter Fußballexperte sein, erstklassig mit Menschen umgehen und Entscheidungen fällen können und er muss ein Konzept haben, wie sich die Mannschaft entwickeln und wie sie spielen soll. Er bereitet das Mannschaftstraining vor und führt es durch, er erarbeitet besondere Techniken und Spielweisen, übt mit dem Team Standardsituationen ein und spricht mit den Medien. Außerdem muss er die nächsten Gegner studieren. Und er muss die Form und das Können neuer Spieler einschätzen und entscheiden, wann und auf welcher Position sie spielen werden.

▲ *Ein Gruppenfoto bekannter europäischer Cheftrainer, u. a. in der oberen Reihe Fabio Capello (Mitte), der mit dem AS Rom 2001 die italienische Meisterschaft gewann, und Rinus Michels, Erfinder des niederländischen »Fußball total« (rechts daneben).*

◀ *Ottmar Hitzfeld, Trainer des FC Bayern München, feiert nach der Pokalüberreichung mit seiner Mannschaft den Gewinn der Champions League 2000/2001.*

Fingerspitzengefühl

Da die Fußballvereine sich zunehmend in finanzkräftige Unternehmen verwandeln, muss der Cheftrainer auch erfolgreich Spieler kaufen und verkaufen. Mancher Trainer oder Manager ist dafür bekannt, dass es ihm immer wieder gelingt, Spieler billig einzukaufen und später für eine höhere Summe wieder zu veräußern. Eine kluge Transferaktion kann einen Verein beleben, ihn stärken und ihm Erfolge sichern. Wenn aber wertvolle Spieler durch schwache Leute ersetzt werden, führt das oft zum Niedergang. Einem Nationaltrainer dagegen bereitet es Kopfzerbrechen, welche Spieler er aus dem großen Erstliga-Angebot auswählen und wie er sie zu einer erfolgreichen Mannschaft zusammenstellen soll. Auf ihm lastet außerdem der Erwartungsdruck eines ganzen Volkes. Ob auf Vereinsebene oder im Nationalteam: Alle Trainer träumen vom Ruhm und fürchten nichts mehr als den Misserfolg.

Taktik

Spielsysteme

Die Grundanordnung der Spieler auf dem Platz bezeichnet man als Spielsystem. Die verschiedenen Spielsysteme werden mit einer Zahlenfolge benannt, die beschreibt, wie sich die Spieler von der Abwehr aus nach vorn über den Platz verteilen. 4:4:2 steht z. B. für vier Verteidiger, vier Mittelfeldspieler und zwei Stürmer. Hier sind die wichtigsten Spielsysteme der Fußballgeschichte.

„Fußball ist Persönlichkeitsentfaltung in einem vorgegebenen Rahmen."
Roger Lemerre, französischer Nationaltrainer

2:3:5

Das erste allgemein anerkannte Spielsystem setzte zu Beginn des 20. Jahrhunderts Major William Suddell mit dem englischen Club Preston North End ein. Beim 2:3:5-System standen fünf Stürmer vor drei Mittelfeldspielern (»Läufer«), die auch defensive Aufgaben hatten. Nur zwei Abwehrspieler waren ausschließlich für die Verteidigung zuständig. Die wichtigste Aufgabe hatte der zentrale Mittelfeldspieler: Alle Angriffe liefen über ihn; er musste aber auch nach hinten, um dort den gegnerischen Mittelstürmer zu decken.

Major William Suddell

3:4:3 (WM)

Als 1925 die Abseitsregel geändert wurde, kam es zu einer wahren Torflut. Herbert Chapman, Trainer von Arsenal London, beschloss daher, seinen zentralen Mittelfeldspieler in die Abwehr zurückzuziehen und zwei seiner Stürmer ins Mittelfeld zu stellen. Man bezeichnet dieses 3:4:3-System auch als WM-System, weil die Stürmer ein W bilden, während die Aufstellung der Verteidiger wie ein M aussieht. Viele Mannschaften übernahmen dieses Spielsystem und über ein Vierteljahrhundert lang war es auf der ganzen Welt üblich.

Herbert Chapman

4:2:4

Das von Vicente Feola trainierte Nationalteam Brasiliens reiste 1958 mit zwei Geheimrezepten zur WM: dem jungen Stürmer Pelé und einem neuen Spielsystem, mit dem das WM-System geknackt werden sollte. Beim 4:2:4 gab es eine starke Abwehrkette aus vier Spielern. Vor ihnen führten zwei Mittelfeldspieler Regie, die zwei Flügel- und zwei Mittelstürmer bedienten. Das System brachte Brasilien und einigen anderen Mannschaften Erfolg. Heute wird es kaum noch verwendet, weil die beiden Mittelfeldspieler leicht überlaufen werden können.

Vicente Feola

Catenaccio (1:4:3:2)

Das italienische Wort *catenaccio* bedeutet »große Kette« oder »Sperrriegel«. Bei diesem abwehrstarken System schlägt der »Ausputzer« hinter dem Abwehrriegel die Bälle weg und fängt gegnerische Vorstöße ab. Mit diesem System erstickte in den 60er-Jahren das erfolgreiche Team von Inter Mailand unter Helenio Herrera die gegnerischen Angriffe im Keim. Um Tore zu machen, baute man auf schnelle Konterattacken, die ein oder zwei Stürmer ausführten.

Helenio Herrera

4:3:3

Seit den 60er-Jahren wird immer defensiver gespielt. Selbst angriffslustige Nationalmannschaften wie Brasilien zogen einen Stürmer ins Mittelfeld zurück, sodass aus dem 4:2:4- das 4:3:3-System entstand. Brasilien gewann damit 1962 (unter Aymore Moriera) und 1970 die WM. Auch heute wird das 4:3:3-System noch gespielt, oft als Angriffsaufstellung für Mannschaften, die im Rückstand liegen und denen die Zeit davonläuft. Einer der beiden Stürmer kann dann bei einem Angriff auch die Seiten wechseln, um Lücken in der Verteidigung aufzuspüren.

Aymore Moriera

4:4:2

Beim 4:4:2-System verzichtet man zugunsten eines vierköpfigen Mittelfelds auf die Flügelstürmer. Einer der Ersten, die es einsetzten, war der englische Nationaltrainer Sir Alf Ramsey, dessen Team 1966 die WM gewann. Die Vorteile liegen in den beiden Vierer-Abwehrketten, die es dem Gegner schwer machen, zum Tor vorzudringen. Ein Nachteil ist, dass die beiden Stürmer einen großen Raum abdecken, also viel laufen müssen. Damit ein guter Angriff zustande kommt, muss das Mittelfeld die Stürmer mit ordentlichen Pässen versorgen. Das 4:4:2 wird noch heute häufig verwendet.

Sir Alf Ramsey

»Fußball total« und 3:5:2

Der niederländische Trainer Rinus Michels erfand in den 70er-Jahren den »Fußball total«, ein System, bei dem die Spieler ständig ihre Positionen und Aufgaben tauschten. Heute sind das 4:4:2- und das 3:5:2-System gebräuchlicher, die beide mit Flügelspielern arbeiten. Beim 3:5:2-System besteht die Abwehr aus einem Libero und zwei Manndeckern. Im Mittelfeld übernehmen fünf Spieler, zwei davon auf den Flügeln, offensive wie defensive Aufgaben und versorgen die beiden Stürmer mit Flanken und Pässen.

Rinus Michels

Taktik und List

Auch wenn sich der Trainer für ein Spielsystem entschieden hat, bleibt ihm genügend Freiraum für Taktiken, Spielvarianten und Listen. In den vergangenen fünzig Jahren hat es im Bereich Taktik enorm viele Neuerungen gegeben. So wurden beispielsweise Spielsysteme raffiniert abgeändert und neue Spielzüge entwickelt.

▶ *Ein Libero (hier der Italiener Gaetano Scirea, links) kann sowohl defensive Aufgaben haben als auch offensiv spielen.*

▲ *Ein argentinischer Verteidiger greift den Niederländer Johan Neeskens an. Heute muss ein Flügelspieler vorn angreifen und hinten defensive Aufgaben erfüllen.*

Möglichkeiten und Varianten

Jedes Spielsystem lässt mehrere Varianten zu. Ein Libero kann z. B. defensiv oder im Angriff spielen (siehe Zeichnung links oben). Das Gleiche gilt für Spielsysteme mit Flügelspielern (links). Diese können gemeinsam mit den drei anderen Abwehrspielern eine fünfköpfige Verteidigung bilden. Oder sie pendeln zwischen Verteidigung und Sturm hin und her. Oder aber man kann sie als Flügelstürmer Druck nach vorn machen und dort Überzahl herstellen lassen.

Die Mittelfeld-Raute

Bei einer weiteren Spielvariante bilden vier Mittelfeldspieler oder drei Mittelfeldspieler und ein Stürmer auf dem Platz eine Art Raute. An der Spitze der Raute, die dem gegnerischen Tor zugewandt ist, agiert ein offensiver Mittelfeldspieler oder ein Stürmer, der erst spät nach vorn geht und das Mittelfeld mit dem Sturm verbindet. Diese Spielvariante, die im Raum viel Tiefe schafft, kann der gegnerischen Mannschaft enorm zusetzen.

Hängende Spitze

Viele Mannschaften setzen zwei Stürmer ein, von denen sich nur einer ganz vorn, der zweite aber weiter hinten aufhält. Dieser Spieler wird als »hängende Spitze« bezeichnet. Er hält sich immer vom Abseits fern und leitet mit präzisen Pässen Angriffe ein. Falls die gegnerischen Verteidiger zurückweichen, rückt er selbst vor und schießt aus der Distanz aufs Tor.

◀ *Hier sind die Mittelfeldspieler zu einer Art Raute aufgestellt.*

◀ *Didier Deschamps (Juventus Turin, Mitte) schirmt den Ball vor Marc Overmars (Ajax Amsterdam) ab. Deschamps vereitelte oft als »Staubsauger« direkt vor der eigenen Abwehr die Angriffe des Gegners.*

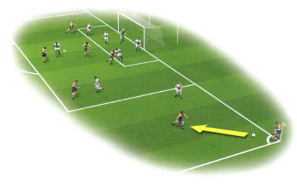

▲ Die Abseitsfalle birgt immer ein gewisses Risiko – selbst dann, wenn sich der Angriff, wie hier gezeigt, aus einer kurzen Ecke entwickelt.

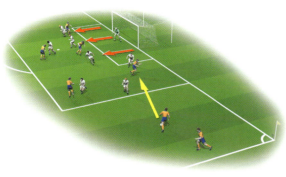

▲ Der Angreifer will den Ball auf einen Mitspieler passen (siehe gelber Pfeil). Die meisten Verteidiger sind bereits rausgelaufen. Doch derjenige, der den Angespielten deckt, verhindert das Abseits.

▲ Um den Angreifer ins Abseits zu bringen, muss der Verteidiger schnell vom Tor weg laufen. Ist er zu langsam, kann der Angreifer ungestört aufs Tor schießen.

▼ Norwegen bringt den Ball mit einem langen Einwurf schnell in den Strafraum der jugoslawischen Mannschaft (Qualifikationsspiel zur EM 2000).

◀ Tony Adams (rechts) und Sol Campell (Arsenal London) versuchen, Gabriel Batistuta (AS Rom) ins Abseits laufen zu lassen.

▶ Bei der Abseitsfalle läuft die gesamte Abwehr auf das Kommando eines Spielers möglichst auf gleicher Höhe nach vorn (rot). Entscheidend ist das richtige Timing.

Die Abseitsfalle

Wenn ein Spieler abseits steht, kommt die verteidigende Mannschaft in Ballbesitz. Viele Teams sorgen dafür, dass dies so oft wie möglich passiert — mit der Abseitsfalle. Die drei oder vier Abwehrspieler halten sich auf gleicher Höhe auf und ziehen dann plötzlich alle vom Tor weg, sodass ein gegnerischer Spieler unvermittelt im Abseits steht. Eine gut funktionierende Abseitsfalle kann den Gegner in den Wahnsinn treiben. Es kann aber auch passieren, dass sie überspielt wird — dann ist das eigene Tor dem gegnerischen Angriff schutzlos ausgeliefert.

▶ Arbeitet eine Mannschaft viel mit Steilpässen, braucht sie eine feste Anspielstation, hier für Wimbledon John Fashanu (links).

Steilpässe

Manche Mannschaften setzen auf einen systematischen Spielaufbau: Sie arbeiten sich schrittweise nach vorn, suchen dort Löcher in der Abwehr des Gegners und nutzen sie. Ganz anders die schnelle und direkte Taktik: Ein weiter Steilpass aus der Abwehr oder dem Mittelfeld öffnet das Spiel in Windeseile. Die Anspielstation vorn bringt den Ball unter Kontrolle, dreht sich um und schießt direkt aufs Tor oder hält den Ball so lange, bis er einen nach vorn gekommenen Mitspieler mit einem Pass bedienen kann. Die Abwehr schlägt oft einen Steilpass über das eigene Mittelfeld hinweg direkt zu den Stürmern.

Taktik im Spielverlauf

Nach dem Anpfiff läuft es oft ganz anders als geplant: Der Gegner überrascht mit taktischen Finessen, die Entscheidungen des Schiedsrichters benachteiligen die eigene Mannschaft, das Glück bleibt aus, der eine oder andere Spieler zeigt plötzlich Schwächen. Um auf solche Ereignisse zu reagieren, kann der Trainer während des gesamten Spiels die Taktik und Spielweise seiner Mannschaft verändern.

▲ Mit einer elektronischen Tafel wird eine Auswechslung angezeigt.

Das Spiel richtig einschätzen

Von Spielbeginn an beobachten der Trainer und seine Leute das Spiel mit Argusaugen. Sie versuchen, die Taktik des Gegners zu durchschauen, Schwächen und Fehler (auch der eigenen Mannschaft) auszumachen. Der Trainer, der das Spiel von außen verfolgt, ist am besten in der Lage, das ganze Spiel und die Leistung der einzelnen Spieler richtig zu beurteilen. Ist einer der Spieler angeschlagen und bringt nicht die volle Leistung? Lässt sich einer der Verteidiger von einem gewieften Angreifer ständig von seiner Position weglocken? Funktioniert die gegnerische Abseitsfalle schlecht und lässt sich vielleicht knacken?

▲ Bei Vereinen mit großem Kader müssen Spieler auch einmal auf der Auswechselbank Platz nehmen.

PROFI-TIPPS

Betrachte jedes Spiel als das wichtigste.

Wärme dich auch als Auswechselspieler gründlich auf.

Ruhe dich nicht auf deinen Lorbeeren aus, wenn dein Team führt.

Akzeptiere die Entscheidung deines Trainers, dich auszuwechseln oder auf einer anderen Position spielen zu lassen.

◄ Champions-League-Finale 1999, Manchester United gegen Bayern München: Trainer Ferguson (rechts) wechselt Teddy Sheringham ein, der kurz darauf einen wichtigen Treffer erzielt (oben).

Auswechselung

Der Trainer kann einen Spieler, der sich verletzt oder verausgabt hat, vom Platz nehmen und durch einen anderen ersetzen. Er kann aber auch z. B. einen Stürmer herausnehmen, wenn die Mannschaft mit mehreren Toren Vorsprung führt, oder einen Abwehrspieler durch einen zusätzlichen Stürmer ersetzen, wenn das Team hinten liegt.

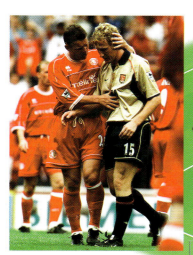

▲ Dean Windass (links) tröstet Ray Parlor, der einen Platzverweis erhalten hat.

▶ So kann sich eine Mannschaft, die nach dem 3:5:2-System spielt, neu aufstellen, wenn ein Mittelfeldspieler vom Platz musste: Der rechte Flügelspieler geht zurück in die Abwehr, der andere rückt ins Mittelfeld auf, die beiden Stürmer spielen hintereinander.

Taktische Veränderungen

Manche Trainer basteln während eines Spiels ständig an ihrer Taktik herum, andere lassen lieber alles mehr oder weniger beim Alten. Im Verlauf des Spiels versucht jeder Trainer, Schwächen bei beiden Mannschaften auszumachen, die eigenen zu kompensieren und die des Gegners auszunutzen. Ein Trainer kann z. B. einen Mittelfeldspieler nach hinten beordern, damit er dort einen gefährlichen Stürmer, der weit nach vorne durchstößt, bewacht und ausschaltet.

▶ Silke Rottenberg, die deutsche Nationaltorhüterin (ganz rechts oben), macht ihren Mitspielerinnen Mut; das gibt Selbstvertrauen. Die Mannschaft von Südkorea (rechts) beschwört kurz vor dem Anpfiff ihren Siegeswillen. Für den Teamgeist ist es wichtig, den Rat und die Unterstützung der Mannschaftskameraden anzunehmen.

▲ Ohne Verständigung (hier Daniele Adani, bis 2002 beim AC Florenz) hat eine Mannschaft keinen Erfolg.

Siegeswillen

Die beste Mannschaft der Welt kann ein Spiel nicht gewinnen, wenn die Spieler nicht die richtige Einstellung haben. Daher versucht jeder Trainer, seinen Spielern den unbedingten Willen zum Erfolg einzuimpfen. Siegeswillen bedeutet, auch dann sein Selbstvertrauen nicht zu verlieren, wenn man vom Gegner überrannt wird. Nicht auf die eigenen Mannschaftskameraden zu schimpfen, wenn sie Fehler machen, sondern ihnen im Gegenteil Mut zuzusprechen. Konzentriert zu spielen und sich als Teil des Teams zu verstehen.

»Spielt, wie ihr wollt – Hauptsache, ihr seid als Gruppe stark.«

Cesare Maldini, ehem. italienischer Nationaltrainer

Das Profi-Dasein

Millionen von Jugendlichen – Mädchen wie Jungen – trainieren ein- oder mehrmals in der Woche in ihrem Fußballverein und bestreiten an den Wochenenden Spiele. Manche träumen davon, eines Tages Profi zu werden. Der Weg dahin jedoch ist lang und mühsam.

▲ *Zuschauer verfolgen eine Schülerbegegnung im Osten von London. Talentierte junge Spieler, die hart an sich arbeiten, erhalten meist auch eine Chance.*

Ein langer, steiniger Weg

Auch wenn du der beste Stürmer oder Torwart deiner Schule oder deines Vereins bist, ist der Weg bis zur Spitze doch noch lang und steinig. Mancher schafft es nie bis in die Profiliga. Andere gehen den Weg Schritt für Schritt: vom örtlichen Fußballverein in die nächstgrößere Stadt, von der Nachwuchsmannschaft in die Reserve der ersten Mannschaft, von einem Amateurteam in die Bundesliga und schließlich in die Stammelf eines Erstligavereins.

▶ *Aus der anspruchsvollen Nachwuchsarbeit des niederländischen Vereins Ajax Amsterdam sind Spieler wie Johan Cruyff und Patrick Kluivert hervorgegangen. Hier trainiert Arnold Muhren, früher selbst niederländischer Spitzenspieler, Ajax-Jungkicker.*

▲ *Ein Verein, der viele Nachwuchsspieler heranzieht, hat auch bessere Zukunftsaussichten. Die Jugendmannschaft von Manchester United führte Anfang der 90er-Jahre Gary Neville. Auch Paul Scholes, Nick Butt und David Beckham haben in diesem Team gespielt.*

▶ *Spieler, die bei einer Begegnung verletzt zu Boden gehen, werden umgehend versorgt. Hier wird Woon Jae Lee aus der Republik Korea wegen einer Kopfverletzung behandelt, die er sich 2001 beim Confederations Cup bei einer Begegnung mit Australien zugezogen hat.*

Profis und Gesundheit

Gesundheit und Fitness sind das Kapital eines Profispielers. Ein Profi ernährt sich überwiegend von kohlehydratreicher Kost wie Gemüse, Nudeln und Reis. Nichts fürchtet ein Profi so sehr wie Verletzungen: Kleinere Blessuren ziehen oft eine Formschwäche nach sich. Das wiederum kann dazu führen, dass ein Spieler seinen Platz als Stammspieler verliert. Eine größere Verletzung, die zu monatelangem Pausieren zwingt, kann sogar das Ende der Karriere bedeuten.

◀ *Stundenlanges Training im Fitnessraum, um den Körper wieder auf Vordermann zu bringen – das ist das Schicksal eines verletzten Profis.*

▲ *Luis Figo besucht mit seiner Frau Helen eine Veranstaltung. Prominente Spitzenspieler sind häufig auf Filmpremieren und exklusiven Partys anzutreffen.*

◄ *George Best, einer der größten englischen Fußballstars aller Zeiten, hatte bereits einen eigenen Manager (kniend, daneben Bests Sekretärin und sein Fahrer).*

Kicken für den Lebensunterhalt

Die meisten Berufsfußballer verdienen nur einen Bruchteil dessen, was Rivaldo & Co. bekommen. Da die Spielerlaufbahn immer kürzer und die Verletzungsgefahr immer größer wird, setzen die Fußballprofis Agenten ein, die gute Verträge und lohnende Transfers für sie aushandeln. Seit die Gesetze das Recht auf die freie Wahl des Arbeitsplatzes betonen, wechseln mehr Spieler zwischen den Vereinen hin und her.

Licht und Schatten

Die Belohnung, die ganz oben auf der Karriereleiter winkt, ist enorm: Gewaltige Monatsgehälter sind erst der Anfang. Sponsoren- und Werbeverträge können Spitzenspieler schnell zu Millionären machen. Dazu kommen Einnahmen aus öffentlichen Auftritten und Beteiligungen aus Transfervereinbarungen. Doch alles hat seinen Preis – zu den Schattenseiten des Profi-Daseins zählen der ständige Leistungsdruck und der Verlust der Privatsphäre.

▲ *Bei einer Preisverleihungsgala nimmt Rivaldo 1999 in Brüssel seine Auszeichnung als FIFA-Weltfußballer des Jahres entgegen.*

◄ *Der größte Traum eines jeden Spielers ist es, einmal eine wichtige Trophäe in den Händen zu halten. Hier küsst Ronaldo den Copa-America-Pokal, den Brasilien 1997 holte.*

► *Die beiden englischen Nationalspielerinnen Rachel Brown und Karen Walker geben ihren Fans nach einem Spiel Autogramme.*

69

Profifußball

Vereine und Fans

▼ Italienische Maskottchen: Die Katze Gatton Gattoni ist das Maskottchen von Vicenza, der lustige Vogel das von Perugia.

Die Bindung zwischen einem Verein und seinen Fans ist stark und leidenschaftlich. Mögen die Fans die Ablösung eines Trainers fordern oder mit einem Spieler unzufrieden sein — ihrem Verein halten sie unerschütterlich die Treue.

Himmelhoch jauchzend, zu Tode betrübt

Fußballspiele erzeugen starke Gefühle. Sie reichen von bitterer Enttäuschung, wenn der Verein aus einem wichtigen Wettbewerb fliegt, bis hin zu unglaublichem Hochgefühl, wenn die Mannschaft ein tolles Siegtor erzielt. Diese Achterbahnfahrt der Gefühle macht geradezu süchtig. Die meisten Fans bleiben daher ihr Leben lang ein und demselben Verein treu.

▲ Die Stadionzeitung ist für viele Fans vor dem Spiel und in der Pause Pflichtlektüre.

▶ Vor dem Spiel gibt es an den Verkaufsständen Fanartikel, hier vor den Toren des römischen Olympiastadions die des AS Rom.

Mit allem Drum und Dran

Ein Fußballfan ist Mitglied einer verschworenen Gemeinschaft. Ein echter Fan kennt alle Lieder des Vereins auswendig, trägt Fankleidung in den Mannschaftsfarben und kauft alles, was der Verein anbietet. Manche Profivereine verdienen mit dem Verkauf von T-Shirts und anderen Artikeln im vereinseigenen Laden mehr Geld als mit dem Verkauf von Eintrittskarten an der Stadionkasse.

▼ Bei einer Champions-League-Begegnung zwischen dem AC Mailand und Paris Saint Germain unterstützen die Pariser Fans ihr Team mit einem Meer aus Fahnen und Spruchbändern.

70

Das große Spiel

Viele Schlachtenbummler sind schon lange vor einer wichtigen Begegnung aus dem Häuschen. Vor allem bei Begegnungen zwischen alten Erzrivalen herrscht Hochspannung unter den Fans – wenn z. B. in Spanien Real Madrid und der FC Barcelona oder in Deutschland Bayern München und Borussia Dortmund gegeneinander antreten.

◀▼ Wie die USA-Fans (unten), die sich das Gesicht in den Nationalfarben bemalt haben, und die jamaikanischen »Reggae Boyz« (links) sorgen die internationalen Schlachtenbummler bei Länderspielen oft für eine phantastische Atmosphäre.

▲ Blumenmeer im Stadion des FC Liverpool: Die Fans gedenken der 96 Menschen, die 1989 im Hillsborough-Stadion in Sheffield bei einer Panik zerquetscht wurden.

▲ In den Fanshops der Vereine (hier der des japanischen J-Liga-Vereins Yokohama Marinos) können treue Anhänger T-Shirts, Andenken und andere Artikel kaufen.

Krawalle und Unfälle

Seit jeher werden Fußballspiele von Schlägereien und Unfällen überschattet. Oft schlägt die Begeisterung in Gewalt um. Hooligans reisen überall in Europa nur zu den Fußballspielen, um eine Prügelei anzuzetteln. Viele von ihnen werden jedoch mittlerweile von der Polizei schon vor dem Spiel dingfest gemacht. Auch die Zahl der Stadionunfälle hat abgenommen. Nachdem mehrfach Besucher bei einer Panik, einem Brand oder einem Tribüneneinsturz ums Leben gekommen waren, machte man viele Stadien sicherer und baute sie zu reinen Sitzplatz-Arenen um.

Profifußball

Fußball in den Medien

Selbst Fußball zu spielen oder ins Stadion zu gehen, um seine Lieblingsmannschaft spielen zu sehen, sind nur zwei der unzähligen Möglichkeiten, sich mit Fußball zu beschäftigen. Fußballbegeisterte Menschen können sich tagtäglich in Zeitungen und Zeitschriften oder im Internet über ihren geliebten Sport informieren. Rundfunk und Fernsehen liefern Liveübertragungen, Spielberichte und Ergebnisse.

Die Presse
Ganz gleich, welche Zeitung du aufschlägst – in nahezu jeder wirst du einen Sportteil finden, der Neuigkeiten, Interviews, Ergebnisse und Klatsch aus der Welt des Sports bietet.

◀ Zeitungen und Zeitschriften in aller Welt befassen sich ausführlich mit dem Fußball.

▶ Mit eigenen Websites informieren die großen Clubs ihre Fans.

Manche Zeitungen verbreiten schon mal Gerüchte z. B. über wechselwillige Spieler, schüren Missverständnisse und Skandale. Doch im Großen und Ganzen fördert die Presse die Begeisterung für und das Interesse am Fußball, indem sie den Fans Spielberichte und Porträts bekannter Spieler und Trainer liefert. Anhänger, Spieler und Veranstalter veröffentlichen darüber hinaus selbst Fan-Informationen in den so genannten Fanzines. Sie sind vereinsunabhängig und bieten den Fans die Möglichkeit, ihre Meinung in gedruckter Form öffentlich kundzutun und damit ein größeres Publikum zu erreichen.

▲ Die erste filmische Fußball-Berichterstattung gab es 1936. Damals war die BBC mit der Kamera bei einem Schaumatch dabei.

◀ Tragbare und auf Kränen montierte Kameras zeigen die Spiele aus ungewöhnlicher Perspektive.

▶ Seit den ersten Tagen der Fernsehübertragung (oben links) hat sich unglaublich viel getan. Heute kann man Statistiken abrufen und sich spannende Torszenen wiederholen lassen.

◀ Vom Goodyear-Zeppelin aus werden Stadion und Spielfeld von oben gefilmt.

Das Fernsehen

Mehr als jedes andere Medium ist das Fernsehen für das explosionsartig gestiegene Interesse am Fußball verantwortlich. Heutzutage wird das Geschehen aus vielen verschiedenen Kameraperspektiven gezeigt. Moderatoren und Experten kommentieren es sachkundig, während ein riesiger Stab von Mitarbeitern im Hintergrund für einen technisch reibungslosen Ablauf sorgt.

Neue Techniken

Die Kameras können heute hochwertige Bilder liefern, sodass selbst von den rasantesten Aktionen gestochen scharfe Zeitlupenwiederholungen möglich sind. Da sie auch kleiner geworden sind, kann man die Kameras an ungewöhnlichen Stellen, z. B. hinter dem Tor, postieren. Mit Einführung des Pay-TV, das abonnierte Programme per Satellit oder Kabel ins Haus liefert, ist der Fernsehgenuss für die Fans zwar teurer geworden, jedoch kann man dort zwischen verschiedenen Einstellungen wählen, sich auf Wunsch Szenen wiederholen oder per Knopfdruck auf die Fernbedienung einfach Zahlen und Fakten zum jeweiligen Spiel einblenden lassen, und zwar wann immer man will.

▲ Die Kamera am Spielfeldrand vermittelt dem Fernsehzuschauer das Gefühl, selbst dabei zu sein.

▲ Hoch oben über dem Spielfeld sitzen die Kommentatoren in ihren Kabinen und berichten vom Spiel.

▶ Auf riesigen Großbildleinwänden können sich die Zuschauer Zeitlupenwiederholungen ansehen.

Radio und Internet

Der Rundfunk ist das klassische Fußballmedium. Er hält die Fußballfreunde mit packender Liveberichterstattung auf dem Laufenden. Im Internet (und auch per SMS) kann man sich schnell über die neuesten Ergebnisse informieren. Im Web gibt es außerdem Tausende offizieller und inoffizieller Seiten, die sich Vereinen, Wettbewerben und einzelnen Spielern widmen. Chat-Räume und Mailinglisten bieten Fans außerdem die Möglichkeit, ihre Meinung kundzutun.

◀ Terry Venables stellt sich 1994, kurz nachdem er zum englischen Nationaltrainer ernannt worden ist, den Fragen Dutzender Reporter.

◀ Reporter am Spielfeldrand führen vor und nach dem Spiel kurze Interviews mit Spielern und Trainern.

Pressekonferenzen

Bei einer Pressekonferenz stellt sich ein Fußballspieler, Trainer oder Vereinspräsident den Fragen der Medienvertreter. Hier gibt es die neuesten Informationen zu Spielertransfers, Neuverpflichtungen und Rücktritten.

Profifußball

Fußballstadien

◀ In den Jahrzehnten nach seiner Eröffnung im Jahr 1903 nahm Hampden Park weltweit die größten Zuschauermengen auf. In den 70er- und 90er-Jahren wurde das Stadion mehrfach umgebaut.

Ein Stadion ist mehr als ein Ort, an dem die Zuschauer ein Fußballspiel verfolgen — manche Arena wirkt fast wie eine Fußballkathedrale. Jedes Stadion hat seine unverwechselbare Atmosphäre und seine eigene Geschichte.

Hampden Park
Das Hampden-Park-Stadion in Glasgow, eine der ersten großen Fußballarenen, ist Heimstadion der schottischen Nationalmannschaft und Vereinsstadion der Queen's Park Rangers. Bis 1950 war es das Stadion mit dem größten Fassungsvermögen der Welt. Im Jahr 1937 verfolgten hier 149 415 Menschen ein Spiel Schottland gegen England — ein in Großbritannien ungebrochener Besucherrekord. Später wurde Hampden Park zu einem reinen Sitzplatz-Stadion für 52 000 Zuschauer umgebaut.

◀ Fast 200 000 Menschen strömten 1923 ins Wembley-Stadion, um das FA-Cup-Endspiel zwischen West Ham und Bolton zu verfolgen. Das Fassungsvermögen wurde später von 126 000 auf 80 000 Zuschauer verringert.

Wembley
Nach nur 300 Tagen Bauzeit im Jahr 1923 fertig gestellt, bot das im Norden von London gelegene Wembley-Stadion mit seinen beiden Türmen fast acht Jahrzehnte lang einen imposanten Anblick. Wembley war das Heimstadion der englischen Nationalmannschaft, Austragungsort der FA-Cup-Endspiele und Schauplatz des WM-Endspiels von 1966, bei dem England Deutschland 4:2 besiegte. Seit dem Jahr 2000 wird es umgebaut.

San Siro
Das Giuseppe-Meazza-Stadion in Mailand, besser bekannt unter dem Namen San Siro, bietet gleich zwei italienischen Serie-A-Spitzenvereinen ein Zuhause. Es wurde 1926 als Domizil für den AC Mailand erbaut und fasste damals 35 000 Zuschauer. Im Jahr 1955 zog auch Inter Mailand ins San Siro. In dem reinen Sitzplatz-Stadion, das 85 000 Zuschauern Platz bietet, fanden 1934 und 1990 einige WM-Begegnungen statt.

▲ Die 1990 am San-Siro-Stadion durchgeführten Renovierungsarbeiten kosteten über 70 Millionen Euro. Dabei erhielt es auch einen zusätzlichen dritten Sitzplatzrang.

Maracaná

Das riesige Maracaná-Stadion in Rio de Janeiro, Heimstadion der brasilianischen Nationalmannschaft, wurde 1950 zur WM eingeweiht und hält mit 199 854 Zuschauern anlässlich einer Begegnung zwischen Brasilien und Uruguay den Besucher-Weltrekord. Auch auf Vereinsebene bricht es alle Rekorde: Im Jahr 1963 verfolgten 177 656 Zuschauer ein Match zwischen den Vereinen Flamengo und Fluminense.

▼ Das Maracaná-Stadion, das auch Estadio Mario Filho heißt, bietet 120 000 Zuschauern Platz.

▲ Nou Camp ist das Heimstadion des FC Barcelona. Hier fand auch das Eröffnungsspiel der WM 1982 statt.

Nou Camp

Nou Camp, Heimstadion des spanischen Vereins FC Barcelona, wurde 1957 eröffnet und bot damals 90 000 Zuschauern Platz. Später erweiterte man das Fassungsvermögen auf maximal 115 000 Zuschauer. Ein Übergang verbindet das Nou Camp mit einem zweiten Stadion mit 16 500 Sitzen. In dieser kleineren Arena spielen die Reservemannschaft und der Nachwuchs des FC Barcelona in den unteren spanischen Ligen.

Stade de France

Das Stade de France, das für die Weltmeisterschaft 1998 auf dem Gelände eines ehemaligen Gaswerks erbaut wurde, ist eine mustergültige Sportstätte. »La Grand Stade«, wie es im Allgemeinen genannt wird, verfügt über einen einziehbaren unteren Rang, 36 Aufzüge, 43 Cafés und Snackbars, 670 Toiletten, 17 Geschäfte und 454 Flutlichtstrahler. Das Stadion bietet 80 000 Zuschauern Platz.

▼ Das 1996 umgebaute Nagai-Stadion in Osaka bietet 45 409 Zuschauern Platz und war eine der Hauptaustragungsstätten der WM 2002.

▶ Bei der Eröffnungszeremonie der WM 1998 halten die Zuschauer Pappkärtchen hoch, die den Schriftzug »Coupe du Monde« (Weltmeisterschaft) ergeben. Im Endspiel gewann Frankreich gegen Brasilien.

Das Nagai-Stadion

Die Nagai-Arena ist das Heimstadion des japanischen J-Liga-Vereins Cerezo Osaka. Sie war außerdem eines der 20 Stadien, in denen 2002 die von Japan und Korea ausgerichtete WM ausgetragen wurde. Große internationale Wettbewerbe sind oft Anlass dafür, dass neue Stadien erbaut oder ältere Sportstätten erweitert werden. Für die nächste Europameisterschaft, die 2004 in Portugal stattfinden wird, werden derzeit zehn Stadien saniert bzw. neu gebaut.

Große Wettbewerbe

Von den Hallenfußballpokalen der örtlichen Jugendmannschaften bis hin zu den internationalen Turnieren finden weltweit Tausende von Wettbewerben statt. An den großen nehmen nur die weltbesten National- oder Vereinsmannschaften teil.

▲ Uruguay gewann 1930 die erste WM.

◀ Maradona hält 1986 den WM-Pokal in Händen. Marco Tardelli (ganz links) feiert 1982 den zweiten WM-Titelgewinn Italiens, das im Endspiel Deutschland mit 3:1 besiegt hat.

Weltmeisterschaft

Geistiger Vater dieses größten aller Fußballwettbewerbe war der Franzose Jules Rimet. Seit dem Jahr 1930 wird die WM normalerweise alle vier Jahre ausgetragen. Bei der Qualifikation kämpfen über 150 Nationen in Gruppen, die nach Kontinenten eingeteilt sind, um den Einzug in die Endrunde. Bisher konnten nur sieben Länder die Weltmeisterschaft gewinnen: Brasilien (fünfmal), Italien und Deutschland (je dreimal), Argentinien und Uruguay (je zweimal) sowie England und Frankreich (je einmal). 2002 errang Brasilien im Endspiel gegen die deutsche Elf den Titel. Die nächste WM findet 2006 in Deutschland statt.

Nationale Ligen und kontinentale Wettbewerbe

Beinahe jede Fußballnation hat ihre eigene nationale Liga, in der um die Meisterschaft gespielt wird. In vielen Ländern dürfen die bestplatzierten Vereine an einem kontinentalen Wettbewerb teilnehmen, z. B. der Champions League oder der südamerikanischen Copa Libertadores. Auch für die Nationalmannschaften gibt es kontinentale Wettbewerbe. Die Europameisterschaft z. B. hat sich, seit sie 1960 zum ersten Mal stattfand, zu einem höchst angesehenen Wettbewerb entwickelt. Sie wird von der UEFA organisiert und alle vier Jahre ausgetragen. Gastgeber der nächsten EM-Endrunde ist Portugal. Ab dem 12. Juni 2004 werden Portugal, das automatisch qualifiziert ist, und 15 weitere Mannschaften um die »Coupe Henri Delaunay« kämpfen. Das Finale wird am 4. Juli 2004 in Lissabon angepfiffen.

◀ Der Franzose Marcel Desailly (links) und der Italiener Marco Delvecchio bei der EM 2000.

▼ Rivaldo (ganz links) und Ronaldo (daneben) freuen sich 1999 mit anderen brasilianischen Spielern über den Gewinn der Copa América.

Copa América

Der erste kontinentale Wettbewerb für Nationalmannschaften war die Südamerikameisterschaft Copa América. Als sie 1910 zum ersten Mal stattfand, verfolgten gerade mal 8000 Zuschauer das Endspiel, in dem Argentinien seinen härtesten Widersacher Uruguay mit 4:1 schlug. Zwischen 1959 und 1987 wurde das Turnier alle vier Jahre ausgetragen; davor und danach fand es im Zweijahresrhythmus statt. Argentinien und Uruguay beherrschen den Wettbewerb mit bislang 15 bzw. 14 Titelgewinnen. Brasilien nimmt mit sechs Titeln abgeschlagen den dritten Platz ein. Auch Peru, Paraguay, Bolivien und Kolumbien konnten die Copa América schon für sich entscheiden.

Afrika-Cup

Der Afrika-Cup wurde 1957 zum ersten Mal ausgespielt, damals unter nur drei Ländern: Ägypten, Äthiopien und Sudan; Ägypten gewann. Seither hat der Wettbewerb stetig an Größe und Klasse gewonnen. Im Jahr 1996 wurde die Zahl der teilnehmenden Mannschaften von 12 auf 16 erhöht. Bisher gewannen zwölf Länder den Pokal. Ghana und Ägypten waren mit je vier Titelgewinnen die erfolgreichsten Mannschaften. Beim Afrika-Cup 2002, der in Mali stattfand, gewann Kamerun im Endspiel nach einem 0:0-Unentschieden das Elfmeterschießen gegen die senegalesische Nationalmannschaft. Der nächste Arika-Cup findet 2004 in Tunesien statt.

▲ Africa-Cup 2000: Der Kameruner Lucien Mettomo nimmt die Trophäe nach dem Endspielsieg gegen Nigeria entgegen.

Asien-Cup

Der Asien-Cup wird seit 1956 ausgetragen. Statt der ursprünglichen zwölf Gründungsmitglieder des Asiatischen Fußballverbandes gehören ihm heute 45 Länder an, mehr als die Hälfte aller Fußballnationen der Welt. In den letzten Jahren standen sich beim Asien-Cup die Mannschaften aus Fernost (z. B. China, Japan) und die Teams aus dem Mittleren Osten (Kuwait, Vereinigte Arabische Emirate, Iran u. a.) gegenüber. Beim Endspiel des Asien-Cup 2000, der im Libanon stattfand, besiegte Japan die starke saudi-arabische Mannschaft mit einem knappen 1:0.

▲ Asien-Cup: Die japanische Mannschaft im Jahr 2000 nach ihrem knappen Sieg über Saudi-Arabien.

▶ Joel Epalle (links) aus Kamerun und der Spanier Puyol im Endspiel des Olympischen Fußballturniers 2000.

Olympische Fußballturniere

Bereits bei den ersten Olympischen Spielen der Neuzeit, die 1986 in Athen stattfanden, wurde Fußball gespielt, bis 1908 jedoch nur als »Schaukampf«. Das Olympische Fußballturnier war dann der einzige weltumspannende Wettbewerb, bis 1930 die WM kam. Zwischen 1952 und 1988 gewannen fast nur osteuropäische Mannschaften Gold. In den 90er-Jahren wurde auch der Frauenfußball olympisch. Bei den Männern taten sich die afrikanischen Nationen hervor: 1996 gewann Nigeria Gold, im Jahr 2000 Kamerun.

▲ Die Amerikanerin Tiffeny Milbrett und die Norwegerin Göril Kringen (rechts) bei den Olympischen Spielen 2000.

CONCACAF Gold Cup

Der Wettbewerb für die Fußballnationen Mittelamerikas, heute unter dem Namen CONCACAF Gold Cup bekannt, wurde 1941 zum ersten Mal ausgelobt. Gelegentlich durften an dem Wettbewerb auch Gastmannschaften wie Brasilien oder die USA teilnehmen, die 1991 mit einem Sieg über Honduras ihren ersten Titelgewinn verbuchten. Mit zehn Pokalen – acht davon allein in den ersten elf Wettbewerben – war Costa Rica bisher das erfolgreichste Land beim CONCACAF. Zwischen 1993 und 1998 holte Mexiko drei Titel. Kanada gewann den Cup im Jahr 2000 nach einem 2:0-Sieg im Endspiel gegen Kolumbien – und holte damit seinen ersten internationalen Titel seit dem Olympischen Fußballturnier 1904.

▼ Die beiden Kanadier Jason de Vos und Craig Forrest (links) im Jahr 2000 mit dem CONCACAF Gold Cup.

Geschichte

»Sie waren einfach ein tolles Team ...«
Sir Stanley Matthews über die ungarische Mannschaft von 1953

Große Begegnungen 1

England – Ungarn, Freundschaftsspiel, 1953

Trotz schwacher Leistungen bei der WM 1950 hielten viele die englische Nationalmannschaft noch immer für eines der besten Teams der Welt. Ein Freundschaftsspiel im Wembley-Stadion gegen eine taktisch hervorragend eingestellte ungarische Nationalmannschaft zerstörte diese Illusion nachhaltig.

▲ *Der ungarische Torhüter Gyula Grosics fängt eine englische Flanke ab.*

▶ *Ferenc Puskás feiert ein Tor für die ungarische Mannschaft.*

»Magische Magyaren«

Von der ersten Minute an wurde die englische Nationalmannschaft mit Stars wie Stanley Matthews, Billy Wright und Tom Finney vom Gegner beherrscht. Die flüssig spielende ungarische Nationalmannschaft mit dem Spitznamen »Magische Magyaren« machte einen Angriff nach dem anderen. Die Engländer hatten mit ihrer steifen Taktik der brillanten Technik und Beweglichkeit von Koscis, Puskás und Hidegkuti nichts entgegenzusetzen. Hidegkuti brachte schließlich sogar einen Hattrick zustande.

◀ *Der englische Torwart Gil Merrick läuft heraus, um einen Schuss von Kocsis abzublocken.*

Eine erstklassige Leistung

Hätte Ungarn in den letzten 20 Spielminuten nicht nachgelassen, wäre am Ende sogar ein zweistelliger Sieg möglich gewesen. Der Erfolg der Ungarn im Wembley war keine Eintagsfliege: Sechs Monate später reiste eine auf sieben Positionen veränderte englische Nationalmannschaft für eine Revanche nach Ungarn – und wurde mit 7 : 1 gnadenlos abgefertigt.

◀ *Puskás erzielt mit einem mühelos getretenen Elfmeter das vierte Tor für Real Madrid.*

Real Madrid – Eintracht Frankfurt, Endspiel im Europapokal der Landesmeister, 1960

Eine besonders schöne Fußball-Vorstellung verfolgten 127 000 Zuschauer im Jahr 1960 im Hampden-Park-Stadion von Glasgow. Die Akteure: zwei Mannschaften, die um jeden Preis den Europapokal gewinnen wollten. Die Eintracht, die zuvor im Halbfinale die Glasgow Rangers zerlegt hatte, erzielte den ersten Treffer und dominierte die erste Viertelstunde der Begegnung. Doch dann erwachte Real Madrid zum Leben und seine beiden Ausnahmespieler di Stefano und Puskás wirbelten bald nach Belieben in den Reihen der deutschen Gegner umher. Die Weitsicht ihrer Attacken, ihre geschmeidige Beweglichkeit und ihre überragenden Ballkünste zogen die Zuschauer in ihren Bann und sorgten dafür, dass Real Madrid alsbald mit 7 : 3 Toren führte. Di Stefano erzielte drei, Puskás vier Tore.

▲ *Das Team von Real Madrid feiert seinen 7 : 3-Sieg über Eintracht Frankfurt, mit dem es den Europapokal der Landesmeister errungen hat.*

Action ohne Ende

Der erfrischende Angriffsfußball von Eintracht Frankfurt prägte die Partie ebenso wie die elegante Spielweise von Real Madrid. Die Deutschen kämpften bis zum Schluss – in der zweiten Hälfte trafen sie zweimal ins Netz und zweimal den Pfosten. Doch das reichte nicht aus, um den Spaniern den Wind aus den Segeln zu nehmen.

◀ *Der Torhüter von Real Madrid bei einer seiner vielen Paraden, als Eintracht Frankfurt versucht, das Spiel wieder an sich zu reißen.*

Brasilien – Italien, WM-Endspiel, 1970

Die WM 1970 in Mexiko, bei der es zum ersten Mal gelbe und rote Karten sowie Auswechslungen gab, geriet zu einer tollen Demonstration erstklassigen Fußballs. Ihren krönenden Abschluss fand sie in einem Endspiel, in dem Brasilien die wohl beste Mannschaftsleistung aller Zeiten vollbrachte. Ihre Gegner, die Italiener, waren zwar in Bestform, aber Topspielern wie Pelé, Rivelino und Jairzinho waren sie nicht gewachsen.

Pelé trifft zuerst

Der erste Treffer für Brasilien ging auf das Konto von Pelé, der in der 19. Minute ein traumhaftes Kopfballtor erzielte. Kurz darauf bestrafte der Italiener Boninsegna einen schlampigen brasilianischen Rückpass mit dem Ausgleich. In der zweiten Hälfte brachte Gérson Brasilien im Alleingang erneut in Führung: Er nahm den Ball 35 m vor dem Tor an, spielte geschickt einen Verteidiger aus und donnerte das Leder ins Tor.

◀ *Jairzinho geht hinter dem italienischen Spieler Giacinto Facchetti in den Spurt. Jairzinho erzielte in allen Runden der WM, auch im Endspiel, Tore.*

▶ *Pelé jubelt, nachdem er das Eröffnungstor für Brasilien erzielt hat. Es war Pelés letztes Länderspiel.*

Weltmeister!

Im Rest der zweiten Hälfte beherrschten die Brasilianer das Spiel und schossen zwei weitere Tore. Der letzte Treffer war die Krönung der Partie und an Genialität nicht mehr zu überbieten. Fünf Minuten vor Spielende beförderten die brasilianischen Stürmer das Leder mit einer traumhaften Ballkombination auf den Fuß von Pelé, der es nach rechts vorne passte. Carlos Alberto lief perfekt getimt in den Pass hinein und donnerte den Ball ins italienische Netz – ein würdiger Abschluss dieser Begegnung. Dank Satellitenübertragung verfolgten zum ersten Mal Millionen von Menschen weltweit das Endspiel live am Bildschirm – eine der großartigsten internationalen Begegnungen aller Zeiten.

▲ *Carlos Alberto besiegelt Italiens 1:4-Niederlage mit einem überraschenden Schuss, den der italienische Torhüter Albertosi nicht mehr erreicht.*

Große Begegnungen 2

Kongo – Mali, Africa-Cup-Finale, 1972

Obwohl die meisten Menschen bei »Fußball« und »Afrika« zuerst an die Erfolge von Nigeria, Kamerun und anderen in den 90er-Jahren denken, reicht die Tradition des afrikanischen Fußballs viel weiter zurück. Der Afrika-Cup, der seit 1957 ausgetragen wird und der Europameisterschaft entspricht, hat Fußballklassiker hervorgebracht. Eine der großartigsten Begegnungen war das Endspiel 1972 in Kamerun mit zwei offensiven Mannschaften: Kongo und Mali.

▲ François M'Pelé, der beim Endspiel für den Kongo ein Tor schoss, spielte in den 70er-Jahren für Paris Saint Germain.

Nicht nachlassen

Mali beherrschte das Match in der ersten Halbzeit. Dennoch gelang es der kongolesischen Elf, am Ende der ersten Halbzeit die Führung zu übernehmen. In der zweiten Halbzeit machte der Kongo Druck und M'Bono erzielte innerhalb von zwei Minuten zwei Tore. M'Pelé schloss dem noch einen dritten Treffer an und die Partie schien schon gelaufen zu sein, als Mali 15 Minuten vor Spielende sein zweites Tor machte. Trotz einer tollen Schlussphase, bei der beide Mannschaften besten Fußball darboten, blieb es beim 3:2 für den Kongo.

▲ Ein malischer Verteidiger gewinnt einen Zweikampf mit M'Pelé. Bis heute ist die Vizemeisterschaft beim Afrika-Cup der höchste Titel geblieben, den Mali jemals erreicht hat.

BR Deutschland – Niederlande, WM-Endspiel, 1974

Das Match, das als Schlacht zwischen dem niederländischen Meisterspieler Johan Cruyff und dem brillanten deutschen Taktiker Franz Beckenbauer angekündigt war, entwickelte sich zu einer technisch anspruchsvollen Begegnung zwischen zwei Top-Mannschaften. Es begann stürmisch: Kurz nach dem Anstoß holte Hoeneß im deutschen Strafraum Cruyff von den Beinen. Den fälligen Strafstoß verwandelte Johan Neeskens. Danach machten die Niederländer mit eleganten und flüssigen Manövern hauptsächlich von Cruyff, Neeskens und Johnny Rep das Spiel.

Der Bomber der Nation

Eine hervorragende deutsche Abwehr und die außergewöhnlichen Torwartleistungen von Sepp Maier hinderten die Niederlande daran, das so wichtige zweite Tor zu machen. Schließlich bestraften die Deutschen den fehlenden Killerinstinkt der Niederländer mit dem Ausgleich durch einen Elfmeter. Dann, in der 43. Minute, schoss der Stürmer Gerd Müller, der (nicht von ungefähr) den Spitznamen »Bomber der Nation« trug, nach einem fantastischen Alleingang das Siegtor.

▶ Obwohl er einen Elfmeter verschuldete, spielte Uli Hoeneß, damals 22 Jahre alt und Stürmer bei Bayern München, eine entscheidende Rolle beim Sieg der deutschen Nationalelf.

▲ Schon zwei Minuten nach dem Anpfiff wird Johan Cruyff (auf dem Boden, rechts) von Uli Hoeneß gefoult. Den Elfmeter verwandelt Johan Neeskens – bis heute das früheste Tor, das je bei einem WM-Endspiel erzielt wurde.

Holland macht Druck

Die Niederländer taten alles, um den Ausgleich zu erzielen, doch Sepp Maier, der beste Torhüter des Turniers, machte all ihre Anstrengungen zunichte. Die Deutschen hatten immer mehr Torchancen. Pech für Gerd Müller: Ein Treffer wurde wegen angeblicher Abseitsposition nicht gegeben. Die Zeitlupenwiederholung bewies später, dass es eine Fehlentscheidung war.

Die Abrechnung

Der 2:1-Endstand krönte Deutschland zum Weltmeister. Die geknickten niederländischen Fans und Spieler mussten danach 14 Jahre auf einen Sieg ihrer Mannschaft über Deutschland warten: Bei der EM 1988 begruben Spieler wie Ruud Gullit und Marco van Basten mit einem 2:1-Halbfinalsieg endlich die schmerzlichen Erinnerungen an die Endspielniederlage von 1974.

◀ Gerd Müller versenkt das Leder mit dem rechten Fuß im Tor. Zuvor hat er die niederländische Abwehr mit seinen Dribbelkünsten ausgetrickst.

▶ Die französischen Mittelfeldspieler Alain Giresse (rechts), Joel Tigana, Luis Fernandez und Michel Platini arbeiteten bei allen WM-Spielen wunderbar zusammen.

Frankreich – Portugal, EM, 1984

Dank dieser packenden Halbfinalbegegnung nimmt die Europameisterschaft 1984 einen besonderen Platz in der Fußballgeschichte ein. Das französische Mittelfeld mit Joel Tigana, Alain Giresse und Michel Platini beherrschte mit herrlichem Kombinationsfußball das Spiel. Zur Halbzeit lag die von allen als Topfavorit eingeschätzte französische Nationalmannschaft dann auch durch einen Treffer von Domergue mit 1:0 vorne. In der zweiten Halbzeit konnten die Franzosen ihre Führung jedoch nicht ausbauen. Ein ums andere Mal wehrte der portugiesische Schlussmann Manuel Bento mit seinen Glanzparaden ihre Angriffe ab. In der 73. Minute schaffte Rui Jordao schließlich den Ausgleich für Portugal und schockte damit die 55 000 Zuschauer, die sich im Velodrom von Marseille auf den Rängen drängten.

▶ Michel Platini bei einem seiner unverwechselbaren Durchmärsche durch die Abwehr. Hier muss die portugiesische Defensive dran glauben. Mit seinen neun Treffern bei der EM 1984 hält Platini einen Rekord: Kein Spieler hat bei einer EM mehr Tore geschossen.

In letzter Minute

Schließlich ging es in die Verlängerung und es kam mehr und mehr zum offenen Schlagabtausch. Portugals Stürmer Jordao erzielte ein weiteres Tor, doch Frankreich antwortete umgehend mit einem Treffer durch Domergue. Das Elfmeterschießen schien unvermeidlich. Doch dann schlug Joel Tigana in der letzten Minute der Verlängerung eine Flanke in den portugiesischen Strafraum. Platini war zur Stelle und versenkte das Leder im Kasten. Vier Tage später besiegte Frankreich Spanien im Endspiel mit 2:0 und gewann damit seinen ersten internationalen Titel. Platini wurde zum Spieler des Turniers gewählt.

▲ Der französische Abwehrspieler Maxime Bossis geht zu Boden. Der Endspielsieg ließ Frankreich die bittere Halbfinalniederlage gegen Deutschland bei der WM 1982 vergessen, als Torhüter Schumacher beim Elfmeterschießen Bossis' Schuss gehalten hatte.

Große Begegnungen 3

Argentinien – Nigeria, Olympisches Endspiel, 1996

Der Offensivgeist beider Mannschaften ließ dieses Spiel zu einem wahren Fußballkrimi geraten. Die Partie ging für Nigeria gar nicht gut los. Schon nach zwei Minuten patzte die nigerianische Abwehr und ließ Claudio Lopez zu viel Raum, der daraufhin per Kopfball das Führungstor erzielte. Doch die Nigerianer gaben nicht so schnell auf. Bereits im Halbfinale gegen Brasilien hatten sie nach einem Rückstand die Südamerikaner noch mit 4:3 aus dem Wettbewerb geworfen. Nun wehrten sie sich mit der gleichen Entschlossenheit.

▲ *Der talentierte argentinische Stürmer Ariel Ortega bringt den Ball unter Kontrolle. Sein Team allerdings muss sich 2:3 Nigeria beugen.*

Angriff!

Das Ausgleichstor per Kopfball von Celestine Babayaro war ebenso eindrucksvoll wie der zweifache Salto, mit dem der Torschütze anschließend seinen Erfolg feierte. Doch die Argentinier schlugen bald mit einem Elfer zurück, den Hernan Crespo verwandelte. Nigerias Amokachi glich 15 Minuten vor Schluss erneut aus. Es sah ganz so aus, als würde das Endspiel in die Verlängerung gehen — da erhielt Nigeria plötzlich weit vorn auf dem linken Flügel einen Freistoß.

▲ *Augustine »Jay Jay« Okocha versucht den Argentinier Bassedas zu stoppen. Okocha hat schon in Nigeria, Frankreich, der Türkei und Deutschland gespielt.*

Das Gold winkt

Die Argentinier versuchten, den Angriff der Nigerianer mit einer Abseitsfalle zu vereiteln, aber Amunike spielte sie aus und lochte in der 89. Minute den Ball volley zum Siegtreffer ein. Nigeria war es als erster afrikanischer Mannschaft gelungen, einen so bedeutenden internationalen Wettbewerb zu gewinnen.

◀ *Celestine Babayaro nimmt Javier Zanetti (Argentinien) den Ball ab. Babayaro trug wesentlich zum Sieg der Nigerianer bei.*

China – Norwegen, Halbfinale der Fußball-WM der Frauen, 1999

Gemeinsam mit den späteren Turniersiegerinnen aus den USA waren Norwegen und China die absoluten Topfavoriten bei der Frauen-Fußball-WM 1999. Bei dieser Halbfinalbegegnung prallten zwei unterschiedliche Mannschaften aufeinander: Während sich die Norwegerinnen durch Kampfeswillen und Abwehrstärke auszeichneten, bauten die Chinesinnen auf Tempofußball und Kurzpassspiel. Das Match begann — und China nahm Norwegen auseinander! Dem Tempo und der Beweglichkeit der chinesischen Spielweise hatte die norwegische Mannschaft nicht viel entgegenzusetzen. In der dritten Minute erzielte die Chinesin Sun Wen das Führungstor.

◀ *Ying Liu, eine der geschickten chinesischen Stürmerinnen, versteht sich auch auf die Abwehr: Hier greift sie mit einem energischen Gleittackling die altgediente norwegische Kapitänin Linda Medalen an.*

Unaufhaltsam

Liu Ailing baute nur elf Minuten später mit einem mächtigen, rechts getretenen Volleyschuss den Vorsprung auf zwei Tore aus. Nachdem die norwegische Abwehr dann eine Ecke nicht sauber geklärt hatte, traf Ailing, die mit beiden Füßen gleich gut spielt, erneut – diesmal volley mit dem linken Fuß. In der zweiten Spielhälfte hatte Norwegen eine Reihe von Großchancen, aber Gao Hong, eine der weltbesten Torhüterinnen, machte sie stets mit Glanzparaden zunichte. In der 63. Minute beantwortete China die norwegischen Angriffe schließlich mit dem 4:0, wieder mit einem Volleytreffer, diesmal von der Abwehrspielerin Fan Yunjie geschossen. In der 72. Minute verwandelte Sun Wen schließlich einen Foulelfmeter zum 5:0 und besiegelte damit die schlimmste Niederlage, die die Norwegerinnen jemals hinnehmen mussten. Wen teilte sich am Ende Platz 1 der Torschützinnen-Rangliste des Wettbewerbs mit der Brasilianerin Sissi.

▲ Die Chinesinnen bejubeln eines ihrer fünf Tore gegen Norwegen.

▲ Abelardo und Mijatovic kämpfen um den Ballbesitz.

▼ Slobodan Komljenovic (rechts) feiert mit Goalgetter Dejan Govedarica sechs Minuten nach Beginn der zweiten Halbzeit die 2:1-Führung.

▲ Alfonso beim Tackling gegen den jugoslawischen Verteidiger Sinisa Mihalovic.

Spanien – Jugoslawien, EM, 2000

Dieses furiose Match bei der EM 2000 kann für sich wohl den Titel des besten EM-Spiels aller Zeiten in Anspruch nehmen. Bei diesem wichtigen Gruppenspiel ging es darum, welche der beiden Mannschaften in die nächste Runde gelangte. Die Spanier demonstrierten anfangs mit ein paar schönen Offensiven ihre Stärke. Doch dann wurden sie Opfer eines klassischen Konters, den Savo Milosevic mit einem Kopfballtor für Jugoslawien abschloss. Spanien warf nun alles nach vorne, nach einem Spurt gab Raúl auf Alfonso ab und der verwandelte zum Ausgleich.

Meisterschüsse

Zu Anfang der zweiten Halbzeit riss Jugoslawien das Spiel wieder an sich. Dejan Govedarica, der in der Halbzeit für Wladimir Jugovic gekommen war, donnerte den Ball von der Strafraumgrenze aus in den spanischen Kasten. Eine Minute später machte Pectro Munitis den Rückstand mit einem tollen geschnibbelten Ball wieder wett. Die Partie hing nun mit 2:2 in der Schwebe, doch in der 63. Minute wurde Jokanovic vom Platz gestellt. Spanien war in Überzahl.

»Der Unterschied zwischen Himmel und Hölle beträgt nur eine Minute.«

Josep Guardiola nach der Begegnung Spanien – Jugoslawien

Spannung bis zur letzten Sekunde

Zuvor war es Jugoslawien in einem Gruppenspiel gegen Slowenien gelungen, einen 3:0-Rückstand ebenfalls in Unterzahl wieder aufzuholen. Jetzt waren sie mindestens ebenso gut in Form und schossen das nächste Tor: Aus einem Getümmel im Strafraum heraus stocherte Komljenovic den Ball über die Linie. Danach verteidigte die jugoslawische Mannschaft ihren Vorsprung hartnäckig. Schließlich ging es in die Nachspielzeit und alle glaubten schon, dass die Spanier nach Hause fahren würden. Da verwandelte Mendieta einen umstrittenen Elfmeter – 3:3 unentschieden. Und es gab eine weitere dramatische Steigerung: In den allerletzten Sekunden schoss Alfonso volley das Siegestor für Spanien. Die Jugoslawen waren am Boden zerstört, doch dann stellte sich heraus, dass sowohl sie als auch die Spanier eine Runde weitergekommen waren.

▲ Alfonso erzielt in den letzten Sekunden der atemberaubenden Partie mit einem perfekt getretenen Volleyschuss den Siegtreffer für Spanien.

83

Geschichte

Große Spieler 1

Alfredo di Stefano (geboren 1926 in Buenos Aires, Argentinien)
Als Jugendlicher trat di Stefano in Buenos Aires dem Verein River Plate bei und gehörte bald zur erfolgreichen Angriffskette »La Maquina« (dt. »die Maschine«). Im Jahr 1953 wechselte er zum spanischen Verein Real Madrid, der in den 50er- und frühen 60er-Jahren den europäischen Fußball beherrschte. Di Stefano spielte hauptsächlich als Mittelstürmer; er war aber auch ein hervorragender Verteidiger. Er verstand sich ebenso gut auf das Tackling wie auf die Vorbereitung von Toren und er erzielte selbst jede Menge Treffer. Miguel Minoz, Spieler und später Trainer bei Real Madrid, fasste seine sportliche Leistung so zusammen: »Das Großartige an di Stefano war, dass praktisch jede Position doppelt besetzt war, sobald er in der Mannschaft war.«

Lew Jaschin (geboren 1929 in Moskau, ehem. Sowjetunion, gestorben 1990)
Lew Jaschin gilt noch heute als größter Torhüter aller Zeiten. Der »schwarze Panther« – wie er wegen seiner katzenartigen Wendigkeit genannt wurde – hatte ein nahezu übernatürliches Gespür dafür, wo sich der Ball im nächsten Moment befinden würde. Zwanzig Jahre lang hielt Jaschin seinem Verein Dynamo Moskau die Treue, nachdem er in der Eishockeyabteilung als Torwart angefangen hatte. Mit Dynamo wurde er sechsmal sowjetischer Meister und zweimal sowjetischer Pokalsieger; außerdem hütete er 78-mal das Tor der sowjetischen Nationalmannschaft. Jaschin hat im Lauf seiner schillernden Karriere wohl über 150 Elfmeter gehalten. Im Jahr 1968 erhielt er den Lenin-Orden, die höchste Auszeichnung der Sowjetunion.

Pelé (Edson Arantes do Nascimento, geboren 1940 in Tres Coracoes, Brasilien)
Die Nummer 10 – das war Pelé, wenn er für seinen Verein FC Santos und die brasilianische Nationalmannschaft spielte. Pelé konnte alles – er war schnell, er hatte Kraft, er war kreativ, vorausschauend, technisch perfekt. Mit 17 Jahren wurde er schlagartig berühmt, als er bei der WM 1958 sechs Tore für die brasilianische Mannschaft schoss und mit ihr Weltmeister wurde. Es war der erste von drei WM-Titeln, die Pelé errang. Pelé brachte es auf 93 Länderspiele für Brasilien, bei denen er 77 Treffer erzielte. Als Pelé 1974 nach 18 Jahren seine Karriere beim FC Santos beendete, beschloss der Verein, dass fortan kein Spieler mehr das Trikot mit der Nummer 10 tragen sollte. Pelé kehrte noch einmal zurück und spielte bis 1977 für Cosmos New York, ehe er sich endgültig aus dem aktiven Fußball zurückzog. Im Jahr 1994 wurde er Sportminister Brasiliens.

Eusébio da Silva Ferreira (geboren 1942 in Lourenço Marques, Mosambik)

Eusébio begann seine fußballerische Laufbahn in Mosambik, das zu diesem Zeitpunkt noch portugiesische Kolonie war. Ursprünglich wollte ihn der berühmte portugiesische Verein Sporting Lissabon unter Vertrag nehmen, doch dann war dessen Erzrivale Benfica Lissabon schneller und schnappte ihm den Spieler vor der Nase weg. In seiner 15-jährigen Laufbahn bei Benfica erzielte Eusébio über 300 Tore und der Verein gewann mit ihm fast alle wichtigen Titel. Die »schwarze Perle« war mit einem gewaltigen rechten Fuß gesegnet, doch über seine Schusskraft hinaus besaß Eusébio Perfektion in allen Angriffstechniken und absolute Fairness, die er selbst in den hitzigsten Begegnungen nicht verlor. Im Jahr 1965 wurde er zu Europas Fußballer des Jahres gewählt. Im Jahr darauf war er bei der Weltmeisterschaft mit neun Treffern Torschützenkönig.

Franz Beckenbauer (geboren 1945 in München)

Der Verteidiger Beckenbauer definierte die Aufgaben des Ausputzers neu und gilt als Erfinder der Libero-Position. Während der Ausputzer allein für die Abwehr zuständig war, hat der Libero von Verteidigung auf Angriff umzuschalten. Bei unzähligen Begegnungen, die er für den 1. FC Bayern München und das Nationalteam der damaligen Bundesrepublik bestritt, agierte »Kaiser Franz« spielentscheidend, indem er Hunderte von Torchancen vorbereitete. Er zögerte auch nicht, selbst auf das Tor zu schießen, und erzielte allein für die Bayern 44 Treffer. Beckenbauer wurde 103-mal in die Nationalmannschaft berufen, die 1974 unter ihm als Mannschaftskapitän Weltmeister wurde. Bei der WM 1990 führte er als Teamchef die deutsche Nationalelf mit einem Sieg über Argentinien zum Titelgewinn.

George Best (geboren 1946 in Belfast, Nordirland)

George Best verfügte wie Pelé über eine hervorragende Übersicht, beste Torjägerqualitäten und ein untrügliches Gespür für überraschende Aktionen. Er war mit beiden Füßen gleich stark und scheute keinen Zweikampf. Darüber hinaus hatte er den nötigen Killerinstinkt: 137 Tore erzielte er für Manchester United (dem Verein war er schon als Jugendlicher beigetreten). Beim Europapokal der Landesmeister 1968 hatte er maßgeblichen Anteil am Sieg von »ManU« über Benfica Lissabon. Bests nordirische Nationalmannschaft schaffte es allerdings nie in ein WM-Endspiel. Der Erfolgsdruck und die Rolle als umjubelter Fußball-Superstar waren zu viel für Best. Trotz einiger Comeback-Versuche in England und den USA fand er nach seinem skandalumwitterten Abgang von Manchester United im Jahr 1973 nie zu seiner alten Form zurück.

Große Spieler 2

Johan Cruyff (geboren 1947 in Amsterdam, Niederlande)
Cruyff war einer der größten Spieler Europas und hatte maßgeblichen Anteil an der Entwicklung des niederländischen Fußballs zum »Fußball total«, einer neuen Spielweise, bei der die Spieler mit atemberaubender Geschwindigkeit ständig ihre Positionen wechselten. Cruyff, der dreimal zu Europas Fußballer des Jahres gewählt wurde, zeigte raffinierte Ballbeherrschung und war auch im Mittelfeld und auf den Flügeln erfolgreich, obwohl er eigentlich Mittelstürmer war. Mit dem niederländischen Verein Ajax Amsterdam feierte er große Erfolge und gewann unter anderem drei europäische Titel. Im Jahr 1973 wechselte er zum FC Barcelona und trug dort zum Gewinn einiger spanischer Meisterschaften und Pokale bei. Nach Beendigung seiner Spielerkarriere wurde Cruyff Trainer bei Ajax Amsterdam und beim FC Barcelona, die er beide zu Titelgewinnen in europäischen Wettbewerben führte.

Michel Platini (geboren 1955 in Jœuf, Frankreich)
Platini (unten) gilt als einer der erfolgreichsten Mittelfeldspieler aller Zeiten. Als Kapitän führte er die französische Nationalmannschaft ins Halbfinale der WM 1982 und zum Sieg im Endspiel der EM 1984. Wenn er nicht gerade mit enorm kreativen Angriffen überraschte, wirbelte er im Mittelfeld herum und schlug millimetergenaue 40-Meter-Pässe nach vorn. Beim italienischen Verein Juventus Turin war er der gefürchtetste Torjäger der Serie A und wurde dreimal zu Europas Fußballer des Jahres gekürt (1983, 1984, 1985). Fünf Jahre nach dem Abschied von seiner Spielerkarriere wurde Platini 1992 Trainer der französischen Nationalmannschaft. Als Vorsitzender des zuständigen Komitees holte er die Austragung der WM 1998 nach Frankreich.

Diego Maradona (geboren 1960 in Buenos Aires, Argentinien)
Der technisch perfekte Maradona war *der* Spieler der Achtzigerjahre. Zu den Höhepunkten seiner Karriere zählen zwei italienische Meistertitel mit dem SSC Neapel und seine Leistung bei der WM 1986, die der starken argentinischen Mannschaft zum Weltmeistertitel verhalf. Im Viertelfinale gegen England erzielte er mit einem traumhaften Treffer das wohl größte Tor aller Zeiten (allerdings hatte er im gleichen Spiel bei einem anderen Tor die Hand zu Hilfe genommen). Vier Jahre später bei der WM 1990 führte er die argentinische Nationalmannschaft ins Endspiel, das sie jedoch mit 0 : 1 gegen das deutsche Team verlor. In den folgenden Jahren ging es mit Maradona bergab: Er wurde wegen Drogenvergehen eingesperrt; alle Comeback-Versuche scheiterten.

George Weah (geboren 1966 in Monrovia, Liberia)

Weah stammt aus dem kleinen afrikanischen Land Liberia, wo er für vier verschiedene Vereine spielte, ehe Arsène Wenger, damals Trainer beim AS Monaco, den 22-jährigen Stürmer 1988 nach Europa holte. Mit dem AS Monaco gewann er 1991 die französische Meisterschaft. Er wechselte zu Paris Saint Germain, trug dort wieder zum Gewinn des Meistertitels bei und ging dann nach Italien zum AC Mailand. Weah, kraftvoll und geschickt zugleich, war auch ein brandgefährlicher Torjäger. Im Jahr 1995 wurde ihm die seltene Ehre zuteil, gleichzeitig Afrikas Fußballer des Jahres, Europas Fußballer des Jahres und FIFA-Fußballer des Jahres zu werden. Einen Teil seines Einkommens spendete er stets für gemeinnützige Projekte und die Förderung des Fußballs in Liberia.

Mariel Margaret »Mia« Hamm (geboren 1972 in Alabama, USA)

Mia Hamm, die bekannteste Fußballerin der Welt, absolvierte 1987 als jüngste amerikanische Nationalspielerin aller Zeiten im Alter von nur 15 Jahren ihr erstes Länderspiel. In den 90er-Jahren machte sie mit ihrem kreativen und gefährlichen Sturmspiel über 100 Tore. Damit verhalf sie der amerikanischen Frauennationalmannschaft zum Gewinn der WM und der Olympischen Goldmedaille. Von 1994 bis 1998 wurde Hamm – noch nie da gewesen – fünfmal hintereinander zur US-Fußballerin des Jahres gewählt. Im Jahr 1995 stand die Stürmerin auch einmal im Tor, nachdem die Torhüterin Briana Scurry einen Platzverweis erhalten hatte. 2002 wurde Mia Hamm vor Birgit Prinz zur Weltfußballerin des Jahres gekürt.

Zinedine Zidane (geboren 1972 in Marseille, Frankreich)

Zidane, Sohn algerischer Einwanderer, hat mit seinem Spiel weltweit unzählige Zuschauer in seinen Bann gezogen. Er hatte maßgeblichen Anteil daran, dass Frankreich 1998 im eigenen Land Weltmeister wurde (er schoss unter anderem im Endspiel gegen Brasilien zwei Tore) und zwei Jahre später den EM-Titel holte. »Zizou«, wie ihn seine Fans liebevoll nennen, verfügt über ein feines Ballgefühl und einen schnellen Antritt. Er läuft zu Hochform auf, wenn er sich in einem eng besetzten Mittelfeld oder am Rand des gegnerischen Strafraums Platz schaffen muss. Bekannt wurde er 1996, als er für den französischen Verein FC Girondins de Bordeaux spielte und zu Frankreichs Spieler der Jahres gewählt wurde. Dann ging er nach Italien zu Juventus Turin. Zidane, der 1998 und 2000 zum Weltfußballer des Jahres gekürt wurde, ist heute einer der begehrtesten Fußballspieler. Im Juli 2001 wechselte er für knapp 75 Millionen Euro von Juventus Turin zu Real Madrid.

Fußball in Deutschland 1

Wochenende für Wochenende ziehen die Spiele der 1. und 2. Bundesliga Fußballfans im ganzen Land in ihren Bann. Fast 13 Millionen Menschen verfolgen pro Jahr die Spiele live in den Stadien. Darunter sind immer mehr Mädchen und Frauen. Viele Fans begeistern sich nicht nur für den Fußball, sondern mischen auch selbst erfolgreich mit.

Die Bundesliga

Im Jahr 1963 beschloss der Deutsche Fußball-Bund (DFB), nach dem Vorbild der englischen Profliga die Bundesliga ins Leben zu rufen. Am 24. August 1963 wurden die ersten Begegnungen angepfiffen. Zu den Gründungsmitgliedern zählten 16 Vereine: 1. FC Köln, Meidricher SV, Eintracht Frankfurt, Borussia Dortmund, VfB Stuttgart, Hamburger SV, TSV 1860 München, Schalke 04, 1. FC Nürnberg, Werder Bremen, Eintracht Braunschweig, 1. FC Kaiserslautern, Karlsruher SC, Hertha BSC Berlin, Preußen Münster und 1. FC Saarbrücken. Nur ein einziger gehört seither der Bundesliga bis heute ununterbrochen an – der HSV. Im Jahr 1965 wurde die Anzahl der Vereine auf 18 erhöht (hinzu kamen der FC Bayern München und Borussia Mönchengladbach). So ist es bis heute geblieben – mit einer Ausnahme: Nach der Wiedervereinigung der beiden deutschen Staaten bestand die Bundesliga in der Saison 1991/92 aus 20 Vereinen.

Die Bundesliga-Torschützenkönige 1994–2003

Jahr	Spieler	Tore
1994	Stefan Kuntz (1. FC Kaiserslautern) und Anthony Yeboah (Eintracht Frankfurt)	18
1995	Mario Basler (Werder Bremen) und Heiko Herrlich (Borussia Mönchengladbach)	20
1996	Fredi Bobic (VfB Stuttgart)	17
1997	Ulf Kirsten (Bayer Leverkusen)	22
1998	Ulf Kirsten (Bayer Leverkusen)	22
1999	Michael Preetz (Hertha BSC Berlin)	23
2000	Martin Max (TSV 1860 München)	19
2001	Ebbe Sand (Schalke 04) und Sergej Barbarez (Hamburger SV)	22
2002	Martin Max (TSV 1860 München) und Marcio Amoroso (Borussia Dortmund)	18
2003	Giovane Elber (FC Bayern München) und Thomas Christiansen (VfL Bochum)	21

Erster Torschützenkönig wurde 1963/64 mit 30 Treffern Uwe Seeler vom HSV. Diese Leistung wurde bisher nur von Gerd Müller, dem »Bomber der Nation« (siehe auch S. 80), übertroffen, der es in der Saison 1971/72 für den FC Bayern München auf 40 Treffer brachte.

Deutsche Meister seit Einführung der Bundesliga

1964: 1. FC Köln	1984: VfB Stuttgart
1965: SV Werder Bremen	1985–1987: FC Bayern München
1966: TSV 1860 München	
1967: Eintracht Braunschweig	1988: SV Werder Bremen
1968: 1. FC Nürnberg	1989–1990: FC Bayern München
1969: FC Bayern München	
1970–1971: Borussia Mönchengladbach	1991: 1. FC Kaiserslautern
	1992: VfB Stuttgart
1972–1974: FC Bayern München	1993: SV Werder Bremen
	1994: FC Bayern München
1975–1977: Borussia Mönchengladbach	1995-1996: Borussia Dortmund
	1997: FC Bayern München
1978: 1. FC Köln	1998: 1. FC Kaiserslautern
1979: Hamburger SV	1999–2001: FC Bayern München
1980–1981: FC Bayern München	
	2002: Borussia Dortmund
1982–1983: Hamburger SV	2003: FC Bayern München

Jeder gegen jeden

In einer Bundesliga-Saison spielen alle 18 Mannschaften nach dem Modus »jeder gegen jeden« jeweils zweimal gegeneinander. Daraus ergibt sich eine Hin- und eine Rückrunde mit je 17 Spielen. Die Hinrunde findet von Ende Juli bis Anfang Dezember statt. Jede Mannschaft spielt abwechselnd zu Hause und auswärts. In der Rückrunde treten von Mitte Dezember oder Anfang Februar bis Ende Mai alle Mannschaften ein zweites Mal gegeneinander an, diesmal mit umgekehrtem Heimrecht.

Die Ergebnisse aller Spiele werden in der Bundesliga-Tabelle ausgewertet. Die Reihenfolge der Mannschaften in der Tabelle ergibt sich aus den Punkten und den Toren. Zunächst geht es um die Punkte: Für den Sieger einer Partie gibt es drei Punkte, der Verlierer geht leer aus. Bei einem Unentschieden bekommt jede Mannschaft einen Punkt. Sind zwei Mannschaften punktgleich, entscheidet das Torverhältnis: Das Team, das eine größere Differenz zwischen geschossenen und kassierten Toren aufweisen kann, nimmt den besseren Tabellenplatz ein.

Die Salatschüssel

Der Verein, der die Bundesligatabelle nach dem 34. und letzten Spieltag anführt, ist deutscher Meister und nimmt die Meisterschale in Empfang. Die Wandertrophäe, die im Volksmund »Salatschüssel« genannt wird, hat einen Durchmesser von 59 Zentimetern und ist 11 Kilo schwer. Sie besteht aus Sterlingsilber, ist mit Edelsteinen verziert und hat einen Wert von etwa 50 000 DM. Alle bisherigen deutschen Meister sind auf ihr eingraviert; der Name des neuen Meisters kommt jeweils hinzu.

Die erste Bundesliga-Saison schloss im Mai 1964 der 1. FC Köln als Tabellenführer ab. Mit dem 1. FC Kaiserslautern gewann 1998 zum ersten Mal eine Elf die Meisterschale, die im gleichen Jahr in die Bundesliga aufgestiegen war. Die erfolgreichste Mannschaft der Bundesliga-Geschichte ist der FC Bayern München: Von bislang 40 Meistertiteln holten die Bayern 17 an die Isar. Wie kaum anders zu erwarten, führen sie auch die »Ewige Tabelle der Bundesliga« an:

Ewige Tabelle der 1. Bundesliga

Pos.	Verein	Spiele	gew./unent./verl.			Tore	Punkte
1.	FC Bayern München	1296	719	307	270	2776 : 1543	2464
2.	Hamburger SV	1356	560	372	424	2286 : 1924	2052
3.	SV Werder Bremen	1322	558	332	432	2176 : 1888	2006
4.	1. FC Köln	1254	539	319	396	2224 : 1813	1936
5.	VfB Stuttgart	1288	538	316	434	2225 : 1884	1930
6.	FC Kaiserslautern	1322	527	333	462	2147 : 2054	1914
7.	Borussia Mönchengladbach	1228	517	330	381	2256 : 1805	1881
8.	Borussia Dortmund	1220	507	317	396	2122 : 1834	1838
9.	Eintracht Frankfurt	1220	470	305	445	2043 : 1892	1713
10.	Schalke 04	1186	429	307	450	1723 : 1812	1594

Quelle: DFB, Stand: 21. 7. 2003

Des einen Freud, des anderen Leid

Die Tabellenposition am Ende der Saison hat für mehr als die Hälfte der Vereine handfeste Auswirkungen: Der deutsche Meister und der Tabellenzweite ziehen in die Champions League ein; der Dritte und Vierte können durch eine Qualifikation dorthin gelangen. Wer bei dieser Qualifikation ausscheidet, nimmt am UEFA-Pokal teil. Auch der Tabellenfünfte und -sechste sind im UEFA-Cup, während sich der Siebte und Achte über den UI-Cup dafür qualifizieren können.

Die drei Tabellenletzten steigen in die 2. Bundesliga ab. An ihre Stelle rücken die Mannschaften, die in der Tabelle der 2. Bundesliga die ersten drei Plätze belegt haben.

Die Frauen-Bundesliga

Bis 1970 hatte der DFB Mädchen und Frauen das Kicken noch verboten. Doch seit über 30 Jahren mischt das weibliche Geschlecht kräftig im Fußball mit. Die Statistiken des DFB sprechen eine deutliche Sprache: Noch vor Handball, Volleyball oder Basketball hat sich der Frauenfußball zur zahlenmäßig stärksten Mannschaftssportart der Frauen entwickelt. Der DFB registriert 66 000 Frauen- und Mädchenmannschaften mit 700 000 Kickerinnen und täglich werden es mehr.

Die Frauen-Bundesliga gibt es seit dem 2. September 1990. Vor dieser Zeit spielten die Frauen den deutschen Damen-Fußballmeistertitel, den es seit 1973 gibt, noch in einem Turnier aus. Im Jahr 1993 wurde die Spieldauer von Frauen-Begegnungen von zweimal 40 auf zweimal 45 Minuten verlängert. Seit 1996 besteht die Frauen-Bundesliga aus zwölf Mannschaften, die wie die Männer in einer Hin- und einer Rückrunde mit insgesamt 22 Begegnungen um die besten Tabellenplätze ringen. Die beiden Tabellenletzten steigen ab und werden durch die beiden besten Teams der Regional- und Oberligen ersetzt.

In der Saison 2003/2004 spielten die folgenden Teams in der Frauen-Bundesliga: SC 07 Bad Neuenahr, FCR 2001 Duisburg, 1. FFC Frankfurt, FSV Frankfurt, SC Freiburg, Hamburger SV, FC Bayern München, FFC Turbine Potsdam, FFC Brauweiler Pulheim, FFC Heike Rheine, 1. FC Saarbrücken und VfL Wolfsburg. Torschützenkönigin war im Jahr 2003 Inka Grings. Sie hatte mit 20 Treffern für den FCR 2001 Duisburg maßgeblichen Anteil daran, dass ihre Mannschaft Tabellendritter wurde.

Die 2. Bundesliga

Im August 1974 rief der DFB eine weitere Profiliga ins Leben. Die Regionalligen wurden aufgelöst und ihre besten Vereine zogen in die neu geschaffene »2. Liga« ein. Die Regionalliga wurde erst 1994 als höchste Spielklasse der Amateure wieder eingeführt. Seit der Saison 2000/2001 besteht sie aus der Regionalliga Süd und der Regionalliga Nord.

Die aus 18 Mannschaften bestehende 2. Bundesliga, die zunächst in eine 2. Liga Nord und eine 2. Liga Süd geteilt war, fährt seit 1981 eingleisig. Gespielt und gepunktet wird genauso wie in der 1. Liga. Die drei Tabellenersten steigen am Ende der Saison in die Bundesliga auf, die vier Schlusslichter in die Regionalligen ab. Deren vier beste Clubs rücken im Gegenzug in die 2. Bundesliga auf.

Meister der 2. Bundesliga 1983–2003

1983: SV Waldhof Mannheim	1993: SC Freiburg
1984: Karlsruher SC	1994: VfL Bochum
1985: 1. FC Nürnberg	1995: Hansa Rostock
1986: FC Homburg	1996: VfL Bochum
1987: Hannover 96	1997: 1. FC Kaiserslautern
1988: Stuttgarter Kickers	1998: Eintracht Frankfurt
1989: Fortuna Düsseldorf	1999: Arminia Bielefeld
1990: Hertha BSC Berlin	2000: 1. FC Köln
1991: Schalke 04	2001: 1. FC Nürnberg
1992 (Nord)*: KFC Uerdingen 05	2002: Hannover 96
1992 (Süd): 1. FC Saarbrücken	2003: SC Freiburg

* In der Saison 1991/1992 wurde die 2. Bundesliga wegen der Wiedervereinigung zweigleisig geführt.

Anfangs bot die 2. Bundesliga ein etwas wirres Bild: Neben starken Traditionsvereinen wie Borussia Dortmund oder dem 1. FC Nürnberg, die aus der Bundesliga »abgestürzt« waren, spielten schwächere kleine Clubs wie Rot-Weiß Lüdenscheid oder Hanau 93. Viele betrachteten das »Unterhaus« darüber hinaus nur als Durchgangsstation auf dem Weg nach ganz oben. Doch heute bietet die 2. Bundesliga guten Fußball und das Niveau hat sich an das der 1. Liga weitgehend angeglichen.

Fußball in Deutschland 2

Das Aushängeschild des deutschen Fußballs ist die Nationalelf, die Auswahlmannschaft des Deutschen Fußball-Bundes. Diese Dachorganisation des deutschen Fußballs führt auch den nach der Meisterschaft wichtigsten nationalen Fußballwettbewerb durch, nämlich den DFB-Pokal.

Die Nationalmannschaft

Die Nationalelf ist und bleibt das Flaggschiff des deutschen Fußballs. Nur die besten Spieler erhalten einen Ruf in die Mannschaft. Betreut wird sie von einem hauptamtlichen Bundestrainer. Die Bundestrainer oder Teamchefs der letzten fünzig Jahre waren Sepp Herberger (1936–64), Helmut Schön (1964–78), Jupp Derwall (1978–84), Franz Beckenbauer (1984–90), Berti Vogts (1990–98), Erich Ribbeck (1998–2000) und, seit dem Jahr 2000, Rudi Völler.

Top Ten der Rekordschützen der Nationalmannschaft		
Rang	Spieler	Länderspieltore
1	Gerd Müller	68
2	Joachim Streich	55*
3	Rudi Völler, Jürgen Klinsmann	47
5	Karl-Heinz Rummenigge	45
6	Uwe Seeler	43
7	Oliver Bierhoff	37
8	Ulf Kirsten	35**
9	Fritz Walter	33
10	Klaus Fischer	32

* für die Nationalelf der DDR

** für die DDR und die DFB-Auswahl

Quelle: DFB, Stand: 11.6.2002

Wechselvolle Geschichte

Das erste Länderspiel einer DFB-Auswahl fand im Jahr 1908 in Basel statt. Den »freundschaftlichen Länderkampf« gegen die Schweiz entschied diese mit 5:3 für sich. Der wohl wichtigste Erfolg vor dem Zweiten Weltkrieg war der dritte Platz bei der Weltmeisterschaft 1934 in Italien. Als Deutschland nach dem Ende des Dritten Reiches geteilt wurde, gab es auch zwei deutsche Nationalmannschaften: die der Bundesrepublik und die der DDR.

In der Geschichte der DDR-Nationalmannschaft ragen zwei Ereignisse heraus: Das erste war der sensationelle 1:0-Sieg gegen die Bundesrepublik — den späteren Weltmeister — im WM-Gruppenspiel am 22. Juni 1974. Das Tor von Jürgen Sparwasser ist in die Fußballgeschichte eingegangen. Der zweite große Erfolg war der Gewinn des olympischen Fußballturniers 1976 im kanadischen Montreal. An diesem Triumph war der Libero Hans-Jürgen »Dixie« Dörner maßgeblich beteiligt, der 100-mal für die Nationalmannschaft spielte und mit seinem Verein Dynamo Dresden fünfmal Meister und Pokalsieger wurde.

Rekordnationalspieler		
Rang	Spieler	Einsätze
1	Lothar Matthäus	150
2	Jürgen Klinsmann	108
3	Jürgen Kohler	105
4	Franz Beckenbauer	103
5	Joachim Streich	102*
6	Thomas Häßler	101
7	Hans-Jürgen Dörner	100*
	Ulf Kirsten	100**
9	Berti Vogts	96
10	Karl-Heinz Rummenigge, Sepp Maier	95
12	Jürgen Croy	94*
13	Rudi Völler	90
14	Andreas Brehme	86
	Konrad Weise	86*

* für die Nationalmannschaft der DDR

** 49 für die DDR, 51 für die DFB-Auswahl

Quelle: DFB, Stand: 11.6.2003

Die westdeutsche Nationalelf kann auf zahlreiche Erfolge zurückblicken. Seit 1954 bzw. 1972 hat sie an allen Welt- bzw. Europameisterschaften teilgenommen. Im Jahr 1954 besiegte die Mannschaft unter Kapitän Fritz Walter das starke ungarische Nationalteam mit 3:2 und gewann die Weltmeisterschaft. Im Jahr 1974 gelang es der Nationalelf um Franz Beckenbauer erneut, den WM-Titel zu erringen (siehe S. 80). Als Teamchef führte »Kaiser Franz« die DFB-Auswahl 1990 in Italien schließlich zu ihrem bisher dritten WM-Titel. Darüber hinaus wurde Deutschland 1966, 1982, 1986 und 2002 Vizeweltmeister, 1970 schaffte man den dritten Platz. Die Bilanz bei den Europameisterschaften ist ähnlich eindrucksvoll: 1972, 1980 und 1996 holten die deutschen Kicker den Titel, 1976 und 1992 beendeten sie das Turnier als Zweite.

Die Frauen-Nationalmannschaft

Die Kickerinnen der deutschen Nationalmannschaft konnten in den letzten fünfzehn Jahren bemerkenswerte Erfolge feiern: 1989, 1991, 1995, 1997 und 2001 holten sie den Europameistertitel, 1995 wurden sie Vizeweltmeister, 2003 Weltmeister, und bei der Olympiade 2000 in Sydney errangen sie die Bronzemedaille. Einer der Verantwortlichen für diese Erfolge war seit dem ersten internationalen Auftritt der Frauen-Nationalelf 1982 der DFB-Trainer Gero Bisanz.

Im Jahr 1996 löste ihn Tina Theune-Meyer ab; sie wird bei ihrer Arbeit von Silvia Neid unterstützt, die früher selbst 111-mal das Nationaltrikot trug. Die meisten Treffer für das Nationalteam erzielte bislang Heidi Mohr mit 83 Toren; auf den Plätzen zwei und drei folgen Birgit Prinz (61 Tore) und Bettina Wiegmann (51 Tore).

Rekordnationalspielerinnen		
Rang	Spielerin	Einsätze
1	Bettina Wiegmann	154
2	Doris Fitschen	144
3	Martina Voss	125
4	Silvia Neid	111
5	Birgit Prinz	110
6	Kerstin Stegemann	107
7	Heidi Mohr	104
8	Sandra Minnert	103
9	Maren Meinert	92
10	Silke Rottenberg	89

Quelle: DFB, Stand: 12.10.2003

Die U 21

Die Abkürzung steht für »Unter 21«, denn die Spielerinnen und Spieler der U 21 Frauen und U 21 Männer dürfen nicht älter als 21 Jahre sein. Zum größten Teil handelt es sich um Nachwuchsspieler(innen) der Bundesliga-Clubs.
Die U 21 Männer, die es seit 1979 gibt, wird derzeit von Ulli Stieleke trainiert. Wenn die deutsche Nationalmannschaft Länderspiele bestreitet, spielt auch die deutsche Nachwuchself gegen die entsprechende Auswahl des Gegners. Der wichtigste Wettbewerb für die U 21 Männer ist die Junioren-Europameisterschaft.
Die U 21 Frauen wird von der Bundestrainerin Tina Theune-Meyer und ihrer Assistentin Silvia Neid betreut. Beim Nordic Cup, dem inoffiziellen Europacup der U 21 Frauen, erreichten die deutschen Jungkickerinnen im Jahr 2002 den zweiten Platz hinter den Amerikanerinnen.

Der DFB-Pokal

Gewicht: 7 Kilogramm. Höhe: 52 Zentimeter. Material: Sterlingsilber, Feingold, verschiedene Edelsteine. Fassungsvermögen: 8 Liter. Baujahr: 1964. Das ist der Steckbrief des »Potts«, der nach der »Salatschüssel« begehrtesten Trophäe im deutschen Fußball. Sie wird jedes Jahr dem Gewinner des DFB-Pokals überreicht. Das ist ein nationaler Fußballwettbewerb, den der DFB seit 1935 durchführt. Neben den 36 Vereinen der beiden Bundesligen nehmen auch 28 Amateurvereine daran teil.

Der lange Weg nach Berlin

In der ersten Hauptrunde werden 32 Begegnungen ausgetragen, die aus zwei Töpfen zusammengelost werden. Im ersten Topf befinden sich die 18 Teams der Bundesliga und die 14 bestplatzierten Mannschaften der 2. Bundesliga. Im zweiten Topf sind die vier Absteiger der 2. Bundesliga, die

jeweils Erst- und Zweitplatzierten aus den Regionalligen Süd und Nord sowie 24 weitere Amateurmannschaften, die sich über die regionalen Pokalwettbewerbe qualifiziert haben. Die Teams aus dem zweiten Topf genießen automatisch Heimrecht.
Jede Mannschaft, die in den nun folgenden Spielen verliert, scheidet aus (»K.-o.-System«). Übrig bleiben 32 Teams für die zweite Hauptrunde. Sie werden erneut aus zwei Töpfen zu 16 Begegnungen zusammengelost. In den ersten Topf kommen alle Profimannschaften, in den zweiten alle Amateure, die auch das Heimrecht haben.
Nach den Spielen der zweiten Hauptrunde sind nur noch 16 Mannschaften übrig, die ins Achtelfinale einziehen. Per Los — ab jetzt aus einem Topf — werden sie zu acht Begegnungen zusammengestellt, aus denen die acht Mannschaften des Viertelfinales hervorgehen. So geht es weiter bis zum Halbfinale, in dem die beiden Gegner für das Endspiel ermittelt werden. In den Vorschlussrunden hat entweder die zuerst gezogene Mannschaft oder der Amateurverein Heimrecht.

DFB-Pokalsieger 1994—2003	
1994: SV Werder Bremen	1999: SV Werder Bremen
1995: Borussia Mönchengladbach	2000: FC Bayern München
1996: 1. FC Kaiserslautern	2001: FC Schalke 04
1997: VfB Stuttgart	2002: FC Schalke 04
1998: FC Bayern München	2003: FC Bayern München

Das Finale wird seit 1985 im Berliner Olympiastadion ausgetragen. Steht nach 90 Minuten Spieldauer kein Sieger fest, gibt es Verlängerung und, wenn nötig, Elfmeterschießen. Das gilt übrigens für alle Pokalbegegnungen.
Der erste Sieger des DFB-Pokals war 1935 der »Club« (1. FC Nürnberg). Die bisher erfolgreichste Mannschaft war der FC Bayern München: Elfmal konnte er bisher den »Pott« holen.

DFB-Pokal der Frauen 1994—2003	
1994: SV Grün-Weiß Brauweiler	1998: FCR Duisburg
1995—1996: FSV Frankfurt	1999—2003: 1. FFC Frankfurt
1997: SV Grün-Weiß Brauweiler	

Der DFB-Pokal der Frauen

Am DFB-Pokalwettbewerb der Frauen, der seit 1981 ausgetragen wird, nehmen alle Mannschaften der abgelaufenen Frauen-Bundesliga-Saison und die Pokalsieger der 21 DFB-Landesverbände teil. Der Modus, nach dem das Turnier ausgetragen wird, weicht in einigen wichtigen Punkten von dem des Männerturniers ab. Wenn du mehr darüber wissen willst, kannst du dich im Internet unter der Adresse http://www.dfb.de/national/dfb-pf/modusf/right.php schlau machen. Das Endspiel findet seit 1985 ebenfalls im Berliner Olympiastadion statt, und zwar direkt vor dem Finale des Männerpokals.

Worterklärungen

Abschirmen Technik des ballführenden Spielers, mit der er zu verhindern versucht, dass ein Gegenspieler an den Ball kommt. Er bleibt dabei immer zwischen Ball und Gegner.

Ausputzer Siehe Vorstopper.

Decken Einen Gegenspieler bewachen und ihn so stören, dass er den Ball nicht aufs Tor schießen oder auf einen Mitspieler abgeben bzw. von einem Mitspieler annehmen kann.

Direkter Freistoß Strafe, die der Schiedsrichter für schwerere Fouls oder Regelverstöße verhängt. Der Ball darf direkt aufs Tor geschossen werden.

Doppelpass Schneller und kurzer Ballwechsel zwischen zwei Spielern, bei dem der zweite den Ball wieder an den ersten abgibt, nachdem dieser seinen Gegner umlaufen hat.

Dribbeln Den Ball dicht am Fuß durch kurzes, schnelles Antippen vorantreiben.

Dropkick Siehe Volleyschuss.

Finte Bewusst ausgeführte Bewegung mit Kopf, Schulter oder Bein, die den Gegner täuschen und ihn zu einer falschen Reaktion verleiten soll.

Flanke Meist hohe Eingabe des Balls von der Spielfeldseite her in den gegnerischen Strafraum.

Foul Regelwidriges Verhalten und unsportlicher Körpereinsatz gegenüber einem Gegenspieler. Ein Foul wird mit einem Frei- oder Strafstoß geahndet und kann eine Verwarnung oder sogar einen Platzverweis zur Folge haben.

Gelbe Karte Siehe Verwarnung.

Goldenes Tor Regelung (seit 1996), nach der die Mannschaft das Spiel gewinnt, die in der Verlängerung das erste Tor erzielt.

Hand(spiel) Verbotenes Spielen des Balles mit der Hand oder dem Arm. Dem Torhüter ist im eigenen Strafraum Handspiel erlaubt.

Hattrick Drei in Folge von einem Spieler innerhalb einer Halbzeit erzielte Treffer.

Heber Siehe Lupfen.

Indirekter Freistoß Strafe, die der Schiedsrichter für kleinere Fouls oder Regelverstöße verhängt. Der Ball darf nicht direkt aufs Tor geschossen werden.

Klären Den Ball aus der Gefahrenzone schlagen oder köpfen.

Kondition Körperliche Leistungsfähigkeit, Ausdauer und Belastbarkeit eines Spielers.

Konter Schneller Gegenangriff einer Mannschaft, die gerade wieder in Ballbesitz gekommen ist.

Kurzpass Ballabgabe an einen Mitspieler in der Nähe.

Libero Verteidiger, der keinem Gegenspieler zugeordnet ist. Er bereinigt gefährliche Situationen im Strafraum, schaltet sich aber auch in den Angriff ein. Der Libero hat sich aus der Position des Vorstoppers entwickelt (siehe dort).

Lupfen Gefühlvolles Heben des Balles auf einen Mitspieler oder auf das Tor. Ein gelupfter Ball wird daher auch als Heber bezeichnet.

Manndeckung Abwehrstrategie, bei der jeder Spieler einen Gegenspieler bewacht. (Siehe auch Raumdeckung.)

Mauer Kette aus dicht nebeneinander stehenden Spielern, die bei einem in Tornähe ausgeführten Freistoß den Zugang zum Tor verstellen soll.

Nachspielzeit Spielverlängerung, wenn in der entsprechenden Spielzeithälfte durch Verletzungen oder andere Unterbrechungen Zeit verloren gegangen ist.

Platzverweis Bei schweren Regelverstößen kann der Schiedsrichter einen Spieler vom weiteren Spiel ausschließen, z. B. bei groben Fouls, gewaltsamem Spiel oder einem zweiten verwarnungswürdigen Vergehen.

Querpass Zuspiel, bei dem der Ball quer zur Spielrichtung über den Platz befördert wird. Mit einem Querpass wird kein Raumgewinn erzielt.

Raumdeckung Abwehrstrategie, bei der die Spieler einen bestimmten Spielfeldbereich bewachen und verteidigen. (Siehe auch Manndeckung.)

Rote Karte Siehe Platzverweis.

Scherenschlag (Schrägzieher) Ein technisch schwieriger Flugball, meist aufs Tor, bei dem man sich schräg in die Luft wirft und den Ball über die Schulter nach hinten schlägt.

Schiedsrichterassistenten Die Assistenten wurden früher als Linienrichter bezeichnet. Sie unterstützen den Schiedsrichter bei seinen Entscheidungen.

Schiedsrichterball Spielfortsetzung nach einer zeitweiligen Unterbrechung, die keine Mannschaft zu verantworten hat. Der Schiedsrichter lässt den Ball zwischen zwei gegnerischen Spielern zu Boden fallen. Jeder von ihnen versucht den Ball, sobald er den Boden berührt hat, unter Kontrolle zu bringen.

Schusswinkel verkürzen Abwehrmaßnahme des Torhüters. Indem er aus dem Tor heraus auf den Angreifer zuläuft, verringert er dessen Schusswinkel aufs Tor.

Sperren Einen Gegenspieler daran hindern, in Ballbesitz zu kommen. Das Sperren ist nur erlaubt, wenn man in Ballbesitz ist. Das »Sperren ohne Ball« wird mit einem Freistoß geahndet.

Spielregeln Das offizielle Regelwerk des Weltfußballverbands FIFA umfasst 17 Regeln.

Spielsystem Taktische Vorgabe, die festlegt, wer wo als Verteidiger, Mittelfeldspieler und Stürmer eingesetzt wird.

Standardsituationen Alle Spielsituationen, mit denen das Spiel begonnen oder wieder aufgenommen wird: Anstoß, Einwurf, Eckstoß, Abstoß, Freistoß und Strafstoß.

Staubsauger Ein Mittelfeldspieler, der direkt vor der Abwehr steht und sie vor gegnerischen Angriffen bewahren soll.

Internetadressen

Steilpass Pass, der oft hoch, aber immer weit nach vorn zum gegnerischen Strafraum geht.

Strafraum Abgegrenzter Raum vor dem Tor, auch als Sechzehnmeterraum bekannt. Der Strafraum verläuft von den Pfosten aus 16,50 m nach links und rechts und geht ebenso weit von der Torlinie in das Spielfeld hinein. Regelwidrigkeiten im Strafraum werden mit einem Strafstoß geahndet. Der Torhüter darf im eigenen Strafraum den Ball mit der Hand berühren.

Taktik Vor dem Spiel festgelegte Vorgehensweise eines Teams, z. B. das Spielsystem und die Entscheidung darüber, ob man auf Angriff (Offensivtaktik) oder Verteidigung spielt (Defensivtaktik).

Verlängerung Ausdehnung der Spielzeit um zweimal 15 Minuten, wenn nach der regulären Spielzeit kein Sieger feststeht. (Das gilt nur für Spiele, in denen ein Sieger ermittelt werden muss.)

Verwarnung Tadel für ein sportliches Vergehen; der Schiedsrichter zeigt dem Spieler die gelbe Karte.

Volleyschuss Schuss, bei dem der Ball aus der Luft angenommen und weitergeleitet wird. Bei einem Halbvolleyschuss oder Dropkick ist der Ball zuvor auf dem Boden aufgekommen und wieder in der Luft.

Vorstopper Auch »Ausputzer« genannt. Früher letzter Verteidiger vor dem Torwart, der gefährliche Angriffe des Gegners bereinigen sollte. (Siehe Libero.)

Vorteilsregel Nach dieser Regel kann der Schiedsrichter bei einem Foul oder einer Regelübertretung von einer Spielunterbrechung absehen, wenn das für die Mannschaft, die den Verstoß nicht begangen hat, von Vorteil ist.

Zuspiel Kurzer Pass, mit dem man den Ball auf einen günstig stehenden Mitspieler weiterleitet.

Fußballverbände

www.fifa.com
Offizielle Seite der FIFA, auch mit Informationen zur WM 2006 in Deutschland.
www.dfb.de
Offizielle Seite des Deutschen Fußball-Bunds.
www.football.ch
Offizielle Seite des Schweizerischen Fußballverbands.
www.oefb.at
Offizielle Seite des Österreichischen Fußball-Bunds.

Spielberichte und Nachrichten

www.bundesliga.de
Alles über die 1. und 2. Bundesliga.
www.ffnews.de
Nachrichten zum Frauenfußball.
www.fussballdaten.de
Aktuelle Fußballnachrichten, außerdem Datenbank und Archiv.
www.fussball-pur.de
Fußballnachrichten zur 1. und 2. Bundesliga und zum DFB-Pokal.
www.kicker.de
Fußballseite und Spielberichte.
www.sport.ard.de/sp/fussball
Die Sportschau-Fußballseite.
www.sport.ard.de/sp/fussball/frauenbundesliga
Die Sportschau-Seite zur Frauen-Bundesliga.

Frauenfußball

www.dieda-ac.de
Frauenfußballzeitung Dieda.
www.fussballergebnisse.de/womenssoccer
Magazin Women's Soccer.
www.frauenfussball-guide.de
Der Frauenfußball-Wegweiser durch den Internet-Dschungel.
www.radisoccer.de/links2.htm
Linksammlung Frauenfußball.

Kinder- und Jugendfußball

www.juniorkicker.de
Mit Tipps zu Training, Ernährung und Gesundheit, außerdem Links zu Fußballschulen und Jugendturnieren.

Vereine

www.blinde-kuh.de/sport/fussball/
Linksammlung zum deutschen Fußball mit Links zu den Vereinen der 1. und 2. Bundesliga.
www.blinde-kuh.de/sport/fussball/international.html
Linksammlung zum internationalen Fußball.
www.blinde-kuh.de/sport/fussball/oesterreich.html
Linksammlung zum österreichischen Fußball.
www.blinde-kuh.de/sport/fussball/schweiz.html
Linksammlung zum Schweizer Fußball.

Weltmeisterschaft

http://fifaworldcup.yahoo.com/de/06/loc/index.html
Offizielle Seite der FIFA zur WM 2006 in Deutschland.
http://www.dfb.de/dfb-team/nationalteam/okteam/index.html
Infoseite des DFB zur WM 2006.

Europameisterschaft

http://de.uefa.com/Competitions/Euro/index.html Offizielle Seite der UEFA zur EM 2004 in Portugal.
http://www.dfb.de/dfb-team/nationalteam/europa/em2004/turnier/index.html
Infoseite des DFB zur EM 2004.

Internationale Wettbewerbe

www.360soccer.com
Englischsprachige Seite mit Informationen zu allen wichtigen Wettbewerben weltweit.
de.uefa.com/Competitions/UCL/index.html
Offizielle Seite der UEFA Champions League.

Register

A

Abfangen von Pässen 48
Abfedern (Ballannahme) 18–19, 33, 39
Abschirmen 26, 92
Abseitsfalle 42, 44, 65, 66
Abseitsregel 12, 13, 52
Abstoß 11, 12, 50
Abwehr 46–49, 56
Afrika-Cup 77, 80
Agenten 69
Ägypten 77
Albanien 47
Anfänge des Fußballs 8–9
Angriff 42–45
Anschneiden des Balls 31, 44, 53, 57
Anspielstation 10, 51, 52, 65
Anstoß 10, 11, 50
Anstoßpunkt 10
Asien-Cup 77
Assistenten siehe Schiedsrichterassistenten
Aufwärmen 16, 17
Aus dem Spiel 11
Ausputzer 10, 63, 64, 85, 92
Australien 7, 27, 48
Auswärtstrikot 10
Auswechslungen 12, 66, 79

B

Ballfertigkeiten 26–27
Ballkontrolle 18–19, 26
Banks, Gordon 38, 39
Baresi, Franco 28
Bayern München 14, 47, 53, 59, 61, 85
Beckenbauer, Franz 47, 80, 85, 90
Best, George 20, 36, 69, 85

Bewacher abschütteln 25
Bewegung 24–25
Bisanz, Gero 90
Blanc, Laurent 33
Bolivien 76
Borussia Dortmund 50, 66
Brasilien 7, 29, 57, 62, 63, 69, 75, 76, 79, 84
Bundesliga, 1. und 2. 88–89
Bundesligavereine 88–89
Butragueño, Emilio 45

C

Canada 77
Carlos, Roberto 57
Challinor, Dave 51
Champion's League 14, 50, 53, 59, 61, 66, 70, 76, 93
Chapman, Herbert 62
Charlton, Bobby 14
Cheftrainer 60–61, 64, 66, 67, 70, 73
Chilavert, José Luis 59
China 8, 77
China, Frauenfußball 59, 82–83
CONCACAF Gold Cup 77
Confederations Cup 68
Copa America 9, 69
Copa Libertadores 76
Costa Rica 77
Cruyff, Johan 42, 68, 80, 86

D

Dänemark 20, 32, 41
DDR 90
Dean, Dixie 31
Decken 48, 49, 65, 92
Dehnübungen 16
Derwall, Jupp 90
Deschamps, Didier 64

Deutsche Nationalmannschaft (Frauen und Männer) 90–91
Deutscher Meister 88
Deutschland 17, 47, 57, 76, 79, 80–81, 85, 88–91
DFB-Pokal (Frauen und Männer) 91
di Stefano, Alfredo 78, 84
Direkter Freistoß 12, 14, 54, 55, 92
Dörner, Hans-Jürgen 90
Doppelpass 25, 92
Dosieren eines Passes 20, 25
Drehung 25
Drehung und Ballmitnahme mit dem Außenspann 25
Drehung und Ballmitnahme mit dem Innenspann 25
Dribbel-Fangspiel 27
Dribbeln 25, 27, 63, 92
Dropkick 92

E

Eckstöße 9, 11, 12, 32, 50, 52–53
Eckviertelkreis 11
Effenberg, Stefan 22
Eintracht Frankfurt 78–79
Einwurf 11, 12, 50–51
England 29, 63, 69, 78
Erste Länderspiele 9
Europäische Pokalwettbewerbe 76
Europameisterschaft 76, 81, 83, 90, 93
Eusébio 85

F

FA (Football Association) 8, 9
FA-Cup 9
Fallrückzieher 36
Falscher Einwurf 50, 51

Fans 70–71
Faschingsdienstags-Spiel (Ashbourne) 8
Feola, Vicente 62
Ferguson, Sir Alex 61, 66, 88
Fernsehen 6, 72, 73
FIFA 9, 35, 37, 69, 87, 93
Figo, Luis 17, 24, 25, 36, 52, 69
Finten 27, 58, 92
Flanke 56, 57, 92
Foul 14–15, 28, 58, 92
Frankreich 7, 9, 75, 76, 81, 86
Frauen-Bundesliga 89
Frauenfußball 7, 9, 20, 59, 77, 82–83, 93
Freistöße 12, 14, 28, 44, 50, 54–57, 92
Fünfer 11, 52, 53, siehe auch Torraum
Fußball, internationaler 6–7, 9
Fußballberichterstattung 61, 72–73
Fußbälle 8, 9, 17
Fußballregeln 8, 9, 12–13, 41
Fußballschuhe 9, 17
Futsal 35

G

Gelbe Karte (Verwarnung) 14–15, 92, 93
Geschichte des Fußballs 8–9, 76–87
Goldenes Tor 92
Große Begegnungen 78–83
Große Spieler 84–87
Große Wettbewerbe 76–77
Gullit, Ruud 18, 81

H

Hackentrick 36
Hallenfußball 34, 76
Hamm, Mia 87

Hampden-Park-Stadion 74, 78
Hand(spiel) 15, 92
Hängende Spitze 64
Hattrick 92
Heber 23, 31, 92
Heimtrikot 10
Herberger, Sepp 90
Herrera, Helenio 63
Higuita, René 37, 40
Hitzfeld, Ottmar 61
Hooligans 71

I

IFAB (International Football Association Board) 8
Indirekter Freistoß 12, 14, 54, 55, 92
Innenspannstoß 21, 22, 56
Internet 72, 73, 93
Iran 77
Italien 40, 43, 49, 59, 64, 76, 79

J

Jamaika 71
Japan 8, 31, 75, 77
Jaschin, Lew 84
Jugendmannschaften 68, 93
Jugoslawien 65, 83

K

Kahn, Oliver 59
Kappen 9
Kemari 8
Kewell, Harry 27
Klären 29, 32, 47, 53, 92
Kleidung 8, 9, 17
Kleinfeldfußball 34–35, 76
Klinsmann, Jürgen 46, 90
Kolumbien 15, 37, 40, 77
Kondition 92
Konter 32, 47, 53, 92

Kopfstoß 32–33
Kunstrasen 11, 36
Kurzpass 23, 92
Kuwait 77

L

Laufen mit dem
Ball 26
Le Tissier, Matt 58
Liberia 87
Libero 63, 64, 85, 92
Lupfen 31, 92
Luxemburg 11

M

Maldini, Paolo 49
Manndeckung 49,
92
Maracaná-Stadion
75
Maradona, Diego 61,
76, 86
Mauer 55, 57, 92
Menotti, Cesar Luis
61
Mexiko 46, 77
Michels, Rinus 63
Mittelamerika, Fuß-
ball in 77
Mittelkreis 10, 50
Mittellinie 11
Monaco 87
Moore, Bobby 47
Moriera, Aymore 63
Müller, Gerd 80, 81,
90

N

Nachspielzeit 10, 92
Nagai-Stadion 75
Nakata, Hidetoshi 21
Nationale Ligen 76
Niederlande 30, 57,
63, 64, 80–81, 86
Nigeria 26, 77, 82
Norwegen 11, 65, 77
Norwegen, Frauen-
fußball 82–83
Nou Camp
(Stadion) 75

O

Offizielle 12, 15, 50,
66
Okocha, Jay Jay 26, 82
Olympischer Fußball
77, 87
Österreich 9
Owen, Michael 89

P

Paraguay 59, 76
Pässe 20–23, 24, 25,
36, 50, 56
Pelé 7, 63, 79, 84
Peru 55, 76
Platini, Michel 58, 81,
86
Platzverweis 12, 14,
15, 79, 93
Portugal 52, 81
Positionen 10, 62–65
Presse 72
Pressekonferenzen 73
Profidasein 68–69
Profifußball 68–75
Puskas, Ferenc 19, 78

Q

Querpass 57, 92

R

Ramsey, Sir Alf 63
Raumbewusstsein
24–25, 43
Raumdeckung 49, 93
Regeln siehe Fußball-
regeln
Regionalligen 88
Ribbeck, Erich 90
Rivaldo 17, 29, 37, 69,
76
Ronaldo 6, 69, 76
Rote Karte siehe
Platzverweis
Russland 9, 84

S

Saudi-Arabien 17, 77
San Siro (Stadion) 74
Scherenschlag 36, 92

Schiedsrichter 12–15,
50, 55, 66, 92
Schiedsrichterassis-
tenten 12,15, 50, 92
Schiedsrichterball 50,
51, 92
Schienbeinschützer 9,
17
Schön, Helmut 90
Schrägzieher siehe
Scherenschlag
Schusstechniken
30–31
Schusswinkel verkür-
zen 39, 93
Schweden 38
Schweden, Frauenfuß-
ball 20
Scifo, Enzo 24
Scurry, Briana 59, 87
Seitenlinie 10, 50, 51
Shankly, Bill 7, 23, 60
Sheringham, Teddy 66
Shevchenko, Andriy 44
Shorts 8, 17
Sicherheit im Sta-
dion 71
Siegeswillen 67
Sissi 54, 83
Skorpion (Ballkunst-
stück) 37
Sohlentrick 36, 37
Sowjetunion siehe
Russland
Spanien 23, 26, 76, 83
Sparwasser, Jürgen 90
Sperren 93
Spielbeginn 50
Spieldauer 10
Spielfortsetzung
50–51
Spielkleidung 8, 9, 17
Spielregeln siehe Fuß-
ballregeln
Spielsystem 62–63,
64, 92
Sponsoren 69, 89
Stade de France (Sta-
dion) 75
Stadien 74–75, 93
Standardsituationen
50–59, 93

Staubsauger 92
Steilpass 65, 93
Stielike, Ulli 91
Strafraum 11, 39, 52,
55, 56, 93
Strandfußball 35
Stretching 16
Sturm 42–45
Südafrika 77
Südamerika 7, 71, 76

T

Tackling 28–29, 46
Taktik 64–67, 93
Tätlichkeiten 14–15
Teamgeist 67
Theune-Meyer, Tina 91
Tor (Größe) 10,11
Torlinie 11, 52, 54
Torraum 11, 12, siehe
auch Fünfer
Torwart 38–41, 59, 93
Trainer 60–61, 63, 64,
66, 67, siehe auch
Cheftrainer
Transfer 9, 20, 61, 89
Tricks und Kunst-
stücke 36–37
Trikots 9, 10, 17, 70,
71
Trinken 16, 17
Tunesien 37
Tunneln 37

U

U 21 (Frauen und
Männer) 91
Ukraine 44
Umbro's Pro Beach
Soccer Series 35
Unfälle im Stadion 71
Unsportliches Betra-
gen 14–15
Uruguay 31, 76
USA 7, 11, 37, 71, 77
USA, Frauenmann-
schaft 59, 87

V

van Basten, Marco 30,
81

Venables, Terry 11, 73
Venglos, Dr. Jozef 61
Vereine 70–71
Vereinigte Arabische
Emirate 77
Verlängerung 59, 93
Verlust der Privat-
sphäre 69
Veron, Juan Sebastian
20
Verteidigung 46–49,
56
Verwarnung (gelbe
Karte) 14–15, 93
Vogts, Berti 90
Völler, Rudi 90
Volleyschuss 30–31,
36, 41, 93
Vollspannstoß 23, 31,
43
Vorstopper 30, 93
Vorteilsregel 13, 93

W

Weah, George 87
Websites 72, 73, 93
Weltmeisterschaft 9,
39, 47, 63, 74, 76,
77
Wembley-Stadion
74, 78
Wenger, Arsene 61
Wettbewerbe 76–77

Z

Zahl der Spieler 10,
34–35
Zamorano, Ivan 33
Zico 35, 58
Zidane, Zinedine 37,
61, 87
Zoff, Dino 40
Zola, Gianfranco 43
Zuschauer 15, 71
Zuspiel 20–23, 27, 93

Bildquellenverzeichnis

S. 4 ul Still Pictures;
S. 5 or Popperfoto, ur Rex Features;
S. 8 ol The National Football Museum, Mr The National Football Museum, Mr Hulton Getty, ul The National Football Museum;
S. 9 o The National Football Museum, ol Robert Opie Collection, Ml The National Football Museum, M The National Football Museum, Mr The National Football Museum, uM The National Football Museum, ur The National Football Museum;
S. 10 uM www.umbro.com, uM www.umbro.com;
S. 11 ul Allsport UK Ltd/Gary M. Prior, uM Colorsport;
S. 17 M www.umbro.com, M The National Football Museum, Mr The National Football Museum;
S. 30 ul Colorsport;
S. 33 or Popperfoto;
S. 35 M Wall 2 Wall Futbol, Mr Wall 2 Wall Futbol;
S. 51 ur Allsport UK Ltd;
S. 57 ur Colorsport;
S. 61 M Colorsport;
S. 62 Mr Colorsport, ul Hulton Getty;

S. 63 or Hulton Getty;
S. 68 ol Hulton Getty;
S. 69 ol Popperfoto/Ray Green, Mr Popperfoto/Yves Herman;
S. 70 Mr Robert Opie Collection, Mr Robert Opie Collection;
S. 71 ol Popperfoto;
S. 72 Ml Hulton Getty, Mr www.asromacalcio.it/sito-ufficiale/index.html, ur Sky Sports;
S. 73 M Colorsport, ur Colorsport;
S. 74 ol Popperfoto, Ml Allsport UK Ltd;
S. 75 or Allsport UK Ltd/Jamie McDonald;
S. 76 o Popperfoto, ol Colorsport, or Popperfoto;
S. 78 M Colorsport, Mr Hulton Getty;
S. 80 ol www.psg.fr, or www.psg.fr.
Alle anderen Fotos wurden von Empics bereitgestellt.

u = unten, M = Mitte, l = links, r = rechts, o = oben
Es wurde alles unternommen, die Inhaber der Bildrechte ausfindig zu machen. Sollte ein Rechteinhaber nicht genannt sein, bittet der Verlag freundlichst um Mitteilung.

Und zum Schluss ein Wort an alle Fußballerinnen:

Damit die Texte nicht zu lang werden, heißt es in diesem Buch »der Spieler«, »der Stürmer« usw. Damit sind nicht nur die männlichen Fußballer, sondern natürlich auch alle Fußballerinnen angesprochen!